八大山人画传

朱　虹 /著
曹雯芹

江西美术出版社
全国百佳图书出版单位

朱舜水（1626—1705）

朱耷（1626—1705），谱名朱统𨨧，字雪个，号八大山人、刃庵、个山、人屋等，出家时法名传綮，汉族，江西南昌人。明末清初画家，中国画坛的一代宗师。明太祖朱元璋第十七子宁献王朱权九世孙，明亡后削发为僧，后改信道教，住南昌青云谱道院。

八大山人是17世纪中国最杰出的写意国画大师，"江西画派"的开创者。1985年，联合国教科文组织宣布八大山人为中国古代十大文化名人之一，并以太空星座命名。

序

东方画魂朱耷

政治家，书写历史。军事家，征服世界。

思想家，启迪世界。科学家，改变世界。

而艺术家，则征服你的灵魂，治愈你的心灵。

时间会沉淀一切，同样也会筛选一切。400年过去了，在北京的故宫博物院、台北故宫博物院、纽约大都会艺术博物馆、华盛顿弗利尔美术馆、墨尔本维多利亚国家美术馆、日本泉屋博物馆等世界级博物馆，当你和八大山人的水墨画相遇时，他画作中独有的孤独感、荒凉感、桀骜感，依然会俘获你的内心，震撼你的灵魂。你会感叹，这究竟是怎样的灵魂和天分，才会仅用寥寥数笔，就让作品充满个体的性格与精神，这是多少绘画家、艺术家终其一生苦苦追寻的。

在私人收藏界，八大山人的作品是众多藏家的心头好，人们争相追逐他的作品，其拍卖价格已近天文数字。2010年，八大山人创作的立轴《竹石鸳鸯》以1.187亿元成交，《岁寒三友》手卷更是拍出了1.68亿元的天价。而他的其他书法、绘画作品，无论尺寸大小、着墨多少，平均拍卖价格都在千万以上。

中国水墨画以它独有的线条、色彩、笔墨、布局、意境和格调，浓缩成为中国美学、中国气质、中国风度，是中国文化的瑰宝。这其中八大山人的作品，更是将中国传统文人想要表达的孤高之风、隐士之风、拙朴之风展现得淋漓尽致。他的水墨画所流露出的东方神秘感、玄妙感、空灵感跃然纸上，给人无尽的韵味、无尽的思考和哲学般的美感，这让西方世界为之深深倾倒。

八大山人对于中国水墨画的贡献，犹如凡·高、莫奈对于西方绘画的贡献。他敢为人先，敢为时代先，将中国文人画推向了无与伦比的巅峰，成为中国写意水墨画的一代宗师，标志着中国绘画史又一个时代的横空出世。

八大山人是需要仰望的文化星辰，他是无数绘画名家心中的神，人们研究他、追随他、模仿他，他的门徒从清代开始，延绵不绝。郑板桥在八大山人的画中曾留下这样一段赞美的文字，"横涂竖抹千千幅，墨点无多泪点多"，这是发自内心的由衷赞叹！1926 年，潘天寿在《中国绘画史》中这样评价道："八大，笔简而劲，无犷悍之气……各树特帜卓然为后世法，为清代大写派之泰斗。"齐白石更是直接表达了对他的仰慕："青藤雪个远凡胎，缶老衰年别有才。我愿九泉为走狗，三家门下转轮来。""恨不生前三百年，或为诸君磨墨理纸。"

从"扬州八怪"到齐白石、张大千、潘天寿，无一不深受八大山人绘画风格的影响。

然而，在八大山人巨大荣耀的背后，是他经受的巨大苦难。他一生几乎与幸福无缘，年仅18岁的他，就经历了国灭、族亡、家破、妻离子散等一连串的致命打击，他四处躲藏，遁入空门，他的一生，都是在天地的缝隙间苟活，在贫穷、困顿、孤独中度过。

是不是所有的荣耀背后，都伴随着巨大的苦难？不是的。中国古代十大书画家之一，明代的董其昌不仅在官场中如鱼得水，巧妙避开"党锢之祸"，而且依靠出售字画积累了大量财富，拥有良田万顷。在世之时，董其昌就获得了人人所渴望的权力、名望和财富。法国画家莫奈生前获得了"历史上最伟大的画家"这一巨大荣誉。莫奈64岁时，他拥有了27万法郎的个人财富，这在今天约折合人民币2400万元。

八大山人晚年时期，其艺术风格获得了世人的公认，在画商的推动下，地方官员、士绅商贾，都喜欢收藏他的作品。但由于他不擅经营，其艺术作品，从未卖出世俗意义上应有的价格。在给画商的信札中，他半开玩笑半认真地说，自己的书画廉价得和一担河水差不多（在当时河水一担值三文），并且嘱咐画商不要把自己的润笔价格告诉好友石涛。八大山人晚年经常生病，不得以给画商写信，希望能借点钱去买米。

是不是所有的苦难，都值得大书特写？不是的。很多人都无法承受生命之重，消沉、麻木、悲观、绝望、放弃，静悄悄地来，静悄悄地去，这样的苦难对于生命来说，是无边的黑暗。直面苦难，始终是八大山人一生的课题，苦难是他的命中注定，是命运的残酷鞭打。面对苦难，八大山人找到了情感的倾泻口，生命的意义所在，天分的挥洒之处，那就是书法和绘画。他拿起笔，铺上纸，创造出一个全新的视觉世界，那山那水、那石那树、那花那果，那万物生灵，在他的笔下，是那样的独特，他笔下的一切都是他的精神、他的灵魂、他的气质的外化表现。他用书画表明了他的生命态度，生活可以苟且，但生命不可以。

有人称八大山人为东方凡·高。是的，他们虽然间隔着遥远的时空，但是他们的命运是如此相似。他们一生都困在极度匮乏的物质生活里，他们都曾经发过疯，他们始终对所钟爱的绘画事业矢志不移，他们生前都不是世人的宠儿，他们活着的时候并没有得到过世人的尊敬，他们都探索出了能充分表现内心情感的绘画语言。然而，八大山人最终和命运讲和，他晚年绘画中的线条更加圆润内敛，书法更加简约洁净，他幸运地活到了80岁，其艺术生涯超过60年，艺术巅峰出现在晚年，他为世人留下的杰出作品多出自59岁之后。而凡·高生命的熊熊烈火最终将他烧成了灰烬，37岁时，他选择用枪结束了自己的生命。

所有的权力都有时间的限定，战场上的所有胜利最终都会烟消云散，思想也难逃新陈代谢的命运，不蜕皮的蛇只有死路一条。科学不断被推翻，才能向前发展，这是万古不变的道理。

艺术有着永恒的生命力。艺术的伟大意义在于它能够用凝练的语言充分地表达人的真正感情、思想的奥秘和热情的世界。八大山人带来的人类审美，将具有永恒震撼的力量！

美国作家房龙说："诗意，或者叫意义，是人类得以生存下去的目的。如若少吃一两顿饭，人们可能会感到饥饿。而如若没有诗意，人类则会精神崩溃，成为行尸走肉。"现在，让我们暂时放下繁杂的事物，放下平淡的生活，溯着时间之河，深度参与到八大山人的生命之中，去感受这位伟大艺术家的天分、伤痛和执着，去见证他，是如何描绘出艺术的不朽、生命的传奇！

目录

01/ **华夏一脉** /001

02/ **天降大任** /017

03/ **佛门禅心** /035

04/ **黑白之间** /051

05/ 一无所有 /069

06/ 疯癫觉醒 /087

07/ 万物入画 /103

08/ 伟大相逢 /125

尾声　一代宗师 /148

01 华夏一脉

水墨留白,虚实相生,于方寸之间描绘天地,于无声处凝眸成妙境,中国水墨画就这样惊艳地出现在中华文明的长河里。

公元前3世纪，秦国将军蒙恬发明毛笔。

秦汉时期，中国的人工制墨技术日渐成熟。

东汉时期，纸被发明。宋元时期，真正的宣纸出现。

中国水墨画所需要的全部道具都已经准备好，它即将登上历史的炫丽舞台。于是，中国古人拿起笔，研上墨，铺上纸，运用娴熟的技巧，将对于人类社会、自然世界、万物生灵的观察和思考形象化地表达出来，水墨留白，虚实相生，于方寸之间描绘天地，于无声处凝眸成妙境，中国水墨画就这样惊艳地出现在中华文明的长河里。它始于汉代，自成一派，流传到现在已经有2000多年的历史。今天，我们称之为国画，这是中华文明源远流长的结晶，是最能代表中国的文化符号之一，是中国气派、中国风格的集中体现。

中国水墨画花开三枝，一枝为人物画、一枝为山水画、一枝为花鸟画。从汉到唐，人物画一直是中国绘画的主角。直到公元9世纪，艺术家把兴趣

《西园雅集图》 石涛

转向奥妙的大自然。他们意识到，大自然才是取之不尽、用之不竭的灵感源泉，这种趋势在公元11世纪变成主流，再不曾回转。

　　公元10世纪至13世纪，两宋时期，中国水墨画迎来了它的成熟时期。西园雅集的聚会上，一代文豪——苏东坡侃侃而谈，对于绘画创作，他强调了一个重要的理论，即从传神论向写意论转变，水墨画应该重在意境，重在表达艺术家的心灵，而不只是竹枝或山水。"论画以形似，见与儿童邻"，这完全有别于院体派和世俗派的传统理论，即追求观者身临其境的效果。这是中国

水墨画历史的重要分野，被后世称之为"文人画"的中国画时代正式登堂入室。"文人画"派重视神韵，特别看重书法、文学修养及画中意境的表达，这高度契合了中国传统士大夫的审美哲学，在苏东坡等一代代文人的亲身实践和极力倡导下，中国"文人画"快速发展，迅速崛起，逐渐成为中国画的主流。

"江山代有人才出，各领风骚数百年。"公元14世纪，"元四家"——黄公望（1269—1354）、吴镇（1280—1354）、倪瓒（1301—1374）、王蒙（1308—1385）均在自己的绘画作

《富春山居图》 黄公望

品中于细腻处跃动着"平淡有致"的个人气质，这完全符合理想文人对于自身气质的想象与塑造。他们的探索和努力，使中国文人水墨画的笔墨技巧在元代到达了一个高峰，这对后世的绘画，尤其是"文人画"派的"南宗"一派影响巨大。

公元15至16世纪，明朝中期，文人画派生机勃勃，英才辈出。生活在苏州附近吴县的画家沈周（1427—1509）、文征明（1470—1559）、

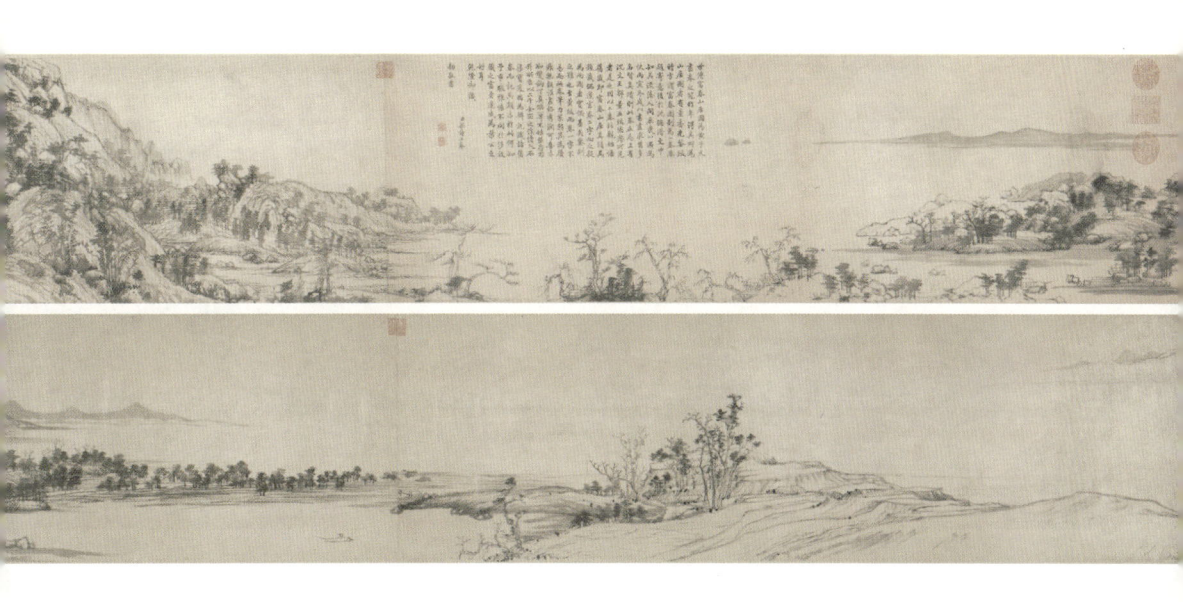

唐寅（1470—1524）和仇英（1501—1551）（"明四家"又称"吴门四杰"）继承了"元四家"的文人画传统。他们都是世家子弟，从小就受到儒家教育的影响，政治的安定和生活的有序是他们绘画创作的时代背景，从而形成了温和抒情的绘画风格，他们的作品大都呈现出清新典雅，意境空灵清旷之感，共同表达着一种中国传统知识分子的理想追求：人活在当下，意识静如止水，与

《西山云霭图》 沈周

大自然融为一体，一切都超越了"世俗"。

公元16世纪，欧洲人在美洲发现了大量白银，当时中国贸易发达，使得近85%的白银流入中国。在白银大量流入、经济空前繁荣的历史背景之下，资本主义经济开始在中国萌芽。这时的商人虽不是达官显贵，但作为新富阶层，自诩为文人雅士，不再满足于衣食住行的基本需求，开始通过收藏各种物品来展示自己的财富和眼界，从精致的家具、精美的瓷器、精巧的书籍，到罕见的商周青

铜器、名家书画等。私人收藏开始兴起，藏家们认为，书画是人类精神世界的最佳艺术表现形式，代表着高雅、格调和品位，这给予了晚明文人理想的生存和发展空间。

晚明时期的书画家兼艺术理论家董其昌（1555—1636）将文人画的发展推到了一个新的境界。他认为，文人画代表文化和道德的最高境界，并看不起宋代以来职业画家身上的匠人之气。他梳理了中国文人书画家的谱系，从举世无双的

《荆溪招隐图》 董其昌

011

宋代书家米芾到"元四家"（黄公望、吴镇、倪瓒、王蒙），再到 16 世纪"文笔遍天下"的文征明，最后到董其昌本人。董其昌对于中国绘画理论最大的贡献在于，他按照绘画风格，把古代大师按照"南北宗"系统加以分类。从此，中国文人画"南北宗"的理论深入人心。

明代的徐渭（1521—1593）在书画创作上展现了惊人的创造力，他上承唐宋画家洒脱恣意的"逸品风格"，笔法大胆而狂放，画风外露而激愤。他认为美应是"取兴于人心"，他亲手开创了文人画大写意花鸟一派，这是一种"外师造化，中得心源"的创作境界，让文人画到达了浪漫主义的新境界。

《水墨葡萄图》 徐渭

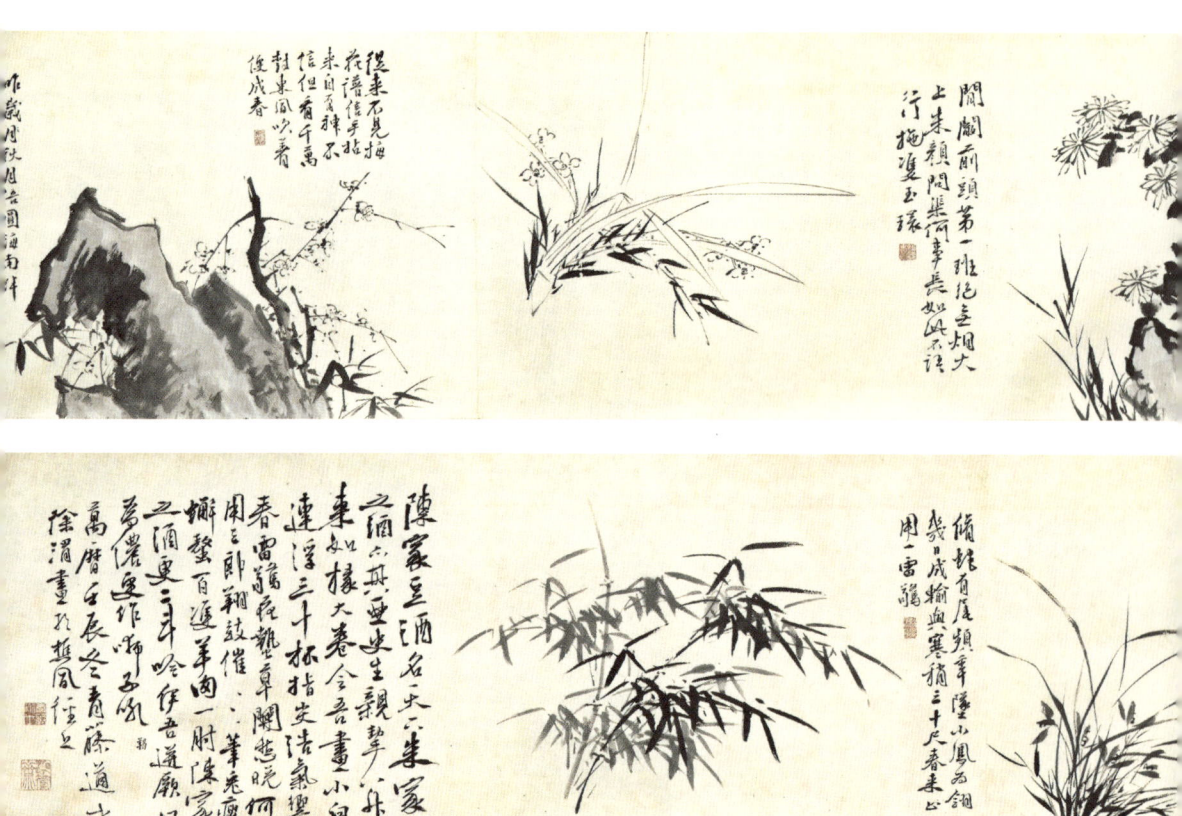

《墨花九段图》　徐渭

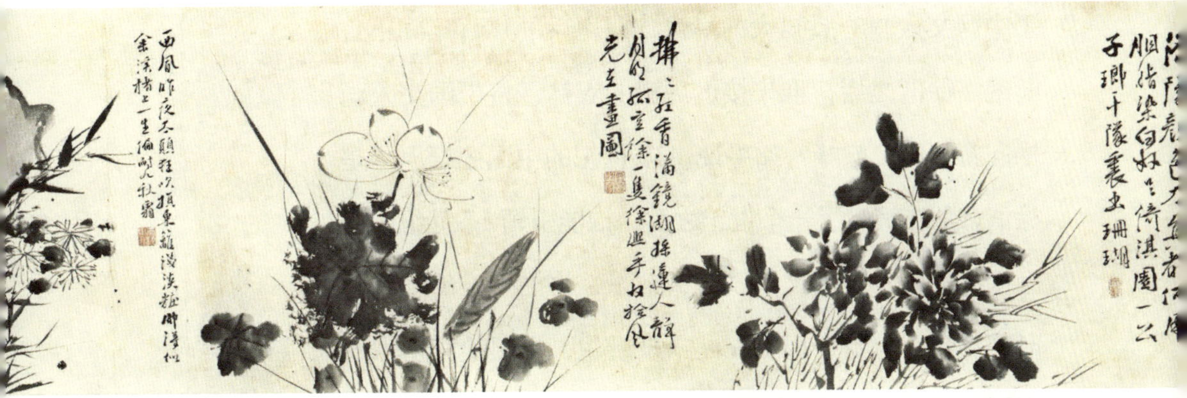

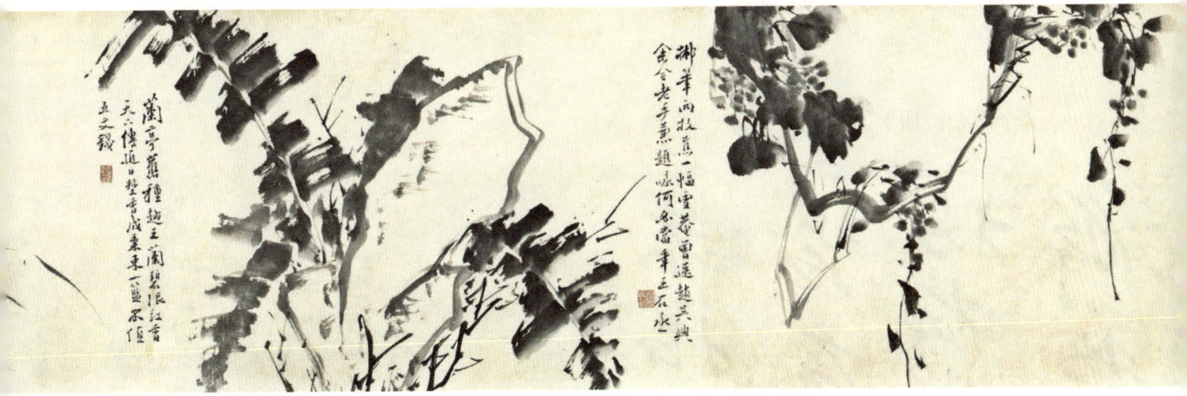

历史的车轮缓缓前进，从不曾为谁停下。徐渭引领了中国文人画一股强大的潮流，在之后的几百年间不曾断绝。徐渭之后，谁来接过历史的衣钵，将中国文人画推向新的历史巅峰？如果说，16 世纪的中国画坛巨星是徐渭，那在沉寂了一个世纪之后，谁能引领 17 世纪中国画坛的风骚？中国文人画的谱系里，将加上谁的名字？时间在耐心等待，历史在向未来眺望，中国绘画艺术的王国在期待一场新的加冕⋯⋯

《个山杂画册》之海棠　朱耷

02 天降大任

一个时代结束了,一个时代开始了。朱耷的生命被时代之刃硬生生截成两段。

明天启六年（1626）10月23日，一个男婴在南昌的弋阳王府呱呱坠地，这个显赫贵族之家迎来了他们的第九代传人，他谱名朱统𨨗，庠名耷，他出生时，这个大明朝的第一宗族已经传承了285年。

明朝开国皇帝朱元璋的十七子宁王朱权，在被分封到江西之后，就在这块物华天宝的土地上繁衍生息，他的子孙繁衍为八支，即临川、宜春、瑞昌、乐安、石城、弋阳、钟岭、建安，朱耷属于弋阳王府这一支。

《明太祖坐像》 佚名

《荷花屏》 朱耷

对于尚在襁褓的朱耷而言，高贵的皇族血统意味着他一出生，就拥有政治和经济上的特权，可以世袭封号，王朝会每年给他家族固定的食禄，他不用像庶民一样每天为生计发愁，也不用参加户籍编制，更不用通过参加科举考试来谋取政治上的前途。这源于明太祖朱元璋的制度设计，他想让自己的子孙后代都过上养尊处优的生活，同时不能对王朝统治构成任何威胁。的确，明朝宗室后代都如朱元璋所希望的，从此成为富贵闲人。而朱元璋没有想到的是，洪武年间宗室人数只有58人，在繁衍了200多年之后，到万历末年，宗室实有人数已经接近20万，朝廷不堪重负，发给宗室的爵禄不但减少，而且常常拖欠。

朱耷出生在这样一个庞大的王室家族中，他的命运无可避免与大明王朝的兴衰而沉浮。他无法预知，他是明宗室的末日贵族。他也无法预知，他一生都要背负这个沉重的身份。

宁王朱权不问政治、不问世事，将自己的生命的大多数时光都托付给了琴棋书画、经史子集。他的爱好十分广泛，搜集文玩、字画、古籍，钻研医药、

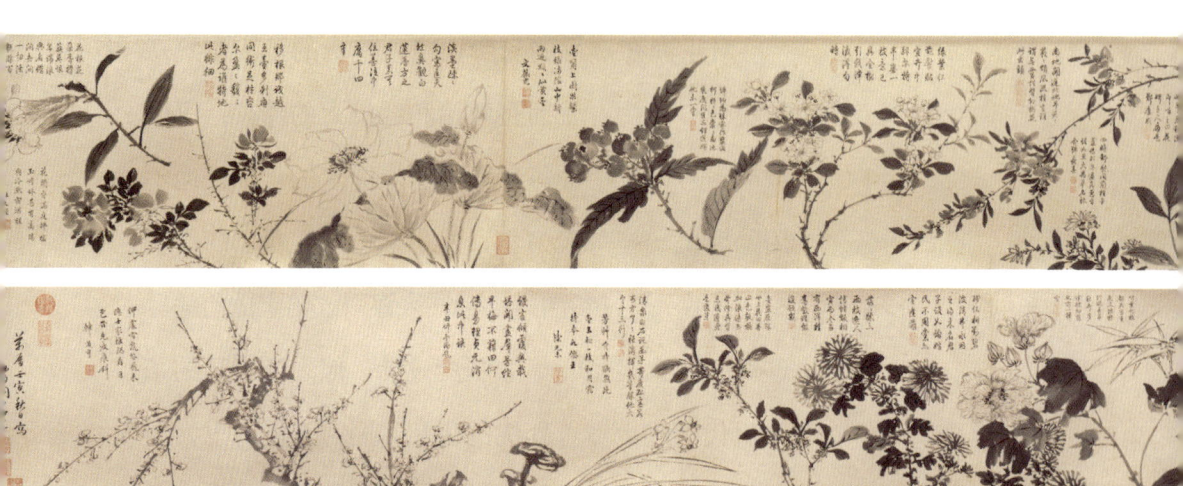

《百花图》 周之冕

音乐、戏曲、茶道，诗书相伴、艺术相随、极致风雅，他成为贵族之家理想生活的典范。在这样的文化熏陶之下，朱权的后人显示出了异于常人的艺术天分。

朱耷的爷爷朱多炡，善诗歌、精通书画篆刻。他一生游山玩水，与众多文人雅士常常以诗歌聚会，他本人著有一本诗集——《五游集》。他的绘画作品颇具宋代二米（米芾、米友仁）之风，飘逸雅致。

朱耷的父亲朱谋鸛，天生聋哑，却长得温文尔

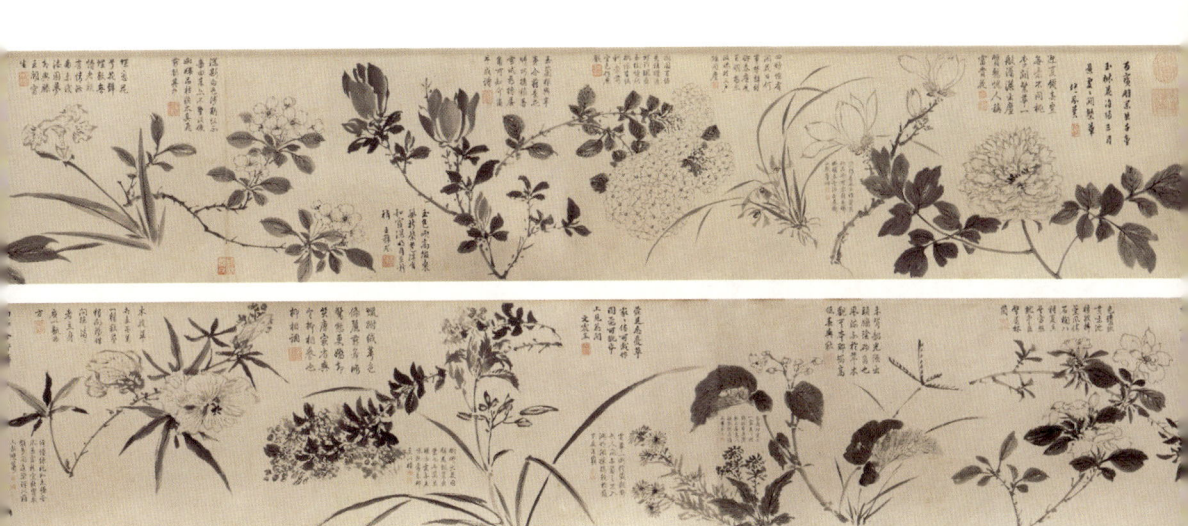

雅。他也是一位绘画的天才,《画史会要》称他的画作,"兼文(文征明)、沈(沈周)、周(周之冕)、陆(陆治)之长。"

书香馥郁、墨香袅袅,这样的家庭氛围熏陶着童年的朱耷。他毫无骄纵之气,他从小就明白,尽管头顶着贵族的光环,可是家道早已中落,宗室的俸禄连半数都领不到了。为了补贴家用,他常常看到父亲"孜孜晓夜挥洒不倦"地为人作画。

朱耷极聪慧,像祖辈一样,他每天读书、练字、作画。初学艺术的人没有什么捷径可走,只能一

步一个脚印，每天刻苦钻研。为了培养他一流的鉴赏力，父亲把家族珍藏多年的书画拿出来给他临摹，手把手教他书法绘画的技法，就这样，朱耷进步很快，"八岁即能诗，善书法，工篆刻，尤精绘事。"（《八大山人传》）

江西南昌的弋阳王府，远离朝廷时局，就像腐朽老树上暂时安全的鸟巢，为年幼的朱耷遮风挡雨，给了他一个安稳无忧的童年。

《彩笔山水图》　朱耷

而弋阳王府外，却完全是另外一番景象。时代的洪流已经掀起了滔天巨浪，封建王朝最后一次的朝代更替将在17世纪中叶上演最血腥、最残酷的历史大戏。

明崇祯二年（1629），朱耷4岁，干旱与饥荒肆虐中华大地。

明崇祯三年（1630），朱耷5岁，徘徊于社会边缘的青年人李自成和张献忠参加农民起义队列。

明崇祯五年（1632），朱耷7岁，明王朝的灾情不断恶化。

明崇祯九年（1636），朱耷11岁，女真人皇太极在东北踌躇满志地建立了一个新的王朝——清，并自称皇帝。新王朝的名字"清"，象征着明净、纯粹的"水德"，正好克住"明"的日月同辉的"火德"。

明崇祯十年（1637），朱耷12岁，明朝遭受了长达7年的史无前例的大旱。

明崇祯十二年（1639）开始，朱耷14岁，"黑死病"几乎年年爆发，从江南直到北方边境，"死者太半""十室九空"。

明崇祯十七年（1644）三月，朱耷19岁，李自成攻陷北京，崇祯皇帝自缢于紫禁城后的煤山之上，朱明王朝覆灭。同年四月，明将吴三桂降清，与清军联手击败李自成。紧接着，十月一日，清世祖爱新觉罗·福临在北京登基，祭告天地祖宗，清王朝正式成为统治全国的中央王朝。

弋阳王府仿佛一个象牙塔，隔绝了瘟疫、战火、饥饿与血泪，这一方小小的天地，见证了一个青年才俊的长成。朱耷11岁就能画青绿山水，他画的荷花生机盎然，让人感觉盈香满室，他画的龙活灵活现，好似真龙现身。在族人的私下议论中，他隐约感觉到了大明王朝的大厦将倾，但是他依然对王朝抱有极大的信心，这么大的家业，哪是说垮就能垮的。他坚信，明王朝一定可以渡过难关，他已经暗暗下了决心，要用自己一身的才学为朝廷尽忠。

明朝晚期，为了缓解财政负担，朝廷放宽了对宗室"公姓不得赴制艺"的政策，鼓励宗室子弟们自谋出路，以平民身份参加科举考试。朱耷自信满满，雄心万丈，他主动放弃了那个表面尊贵的世袭爵位，以平民身份参加科举考试，并轻易得到了秀才的头衔，这是通往仕途的第一站，是他忠心报效朝廷的第一步。朱耷想走一条和平时期的正常道路，却不知，这条路根本没有出路。

当明王朝覆灭的消息传到南昌，朱耷受了极大的刺激，国与家，瞬间灰飞烟灭，生活之花突然失了颜色，未来坠入无底的深渊。他的内心涌动起一千种情绪，他的躯体承载不了这样的恐惧与不甘，本来"善诙谐，喜议论，娓娓不倦，常倾倒四座"（《八大山人传》）的朱耷，仿佛变了一个人，像他的父亲一样，做了哑巴。"左右承事者，皆语以目，合则颔之，否则摇头，对宾客寒暄以手。听人言古今事，心会处，则哑然笑。"（《八大山人传》）巨大的灾难降临到这个曾经风度翩翩、谈笑风生的贵族青年身上，他生命的色彩在这一年终结。

清顺治二年（1645）夏，南昌城被南下的清军包围。南昌守将苦苦抵抗，粮食越来越少，城内的守兵向城外的清军发起了多次攻击，但没有一次成功突围。清顺治三年（1646）正月，南昌城破，因抵抗大清而横遭屠戮者成千上万。

对于大明宗室来说，这还只是苦难的开始。

从清顺治二年（1645）开始，清廷对明故宗室毫不留情地予以清除，明宗室被诛杀者难以数计。

朱姓贵族如同深秋的树叶一般纷纷落下。王室中人，纷纷东躲西藏，各自逃生。深宅中的贵人成为草芥，府第中的尊客化作浮萍。

南昌周边的荒山僻岭，到处是携家带口避祸的大明宗裔。从天堂到地狱，从来没有路，都是瞬间的高空坠落，顷刻间的斗转星移。

清军凶狠而无情，他们专门守候在各关隘要口，只等着砍下他们的头颅，用绳子串好去领赏钱。

朱耷如同"丧家之狗"，命运向他张开了血盆大口。父亲朱谋觐在颠沛流离中"遂卒"，他年轻的妻子朱氏和年幼的孩子在逃难的路上失散。

19岁的朱耷发现自己陡然成了一个旧王朝的余孽流毒。明王朝的生命终结了，他该如何活下去？从仙界到地狱的路有多长？

"后崇祯时代"之下的人生故事，有很多种版本。如果你是一个普通百姓，那么你可以顺从时代和命运的安排，臣服于满人的统治。如果你是一个誓死

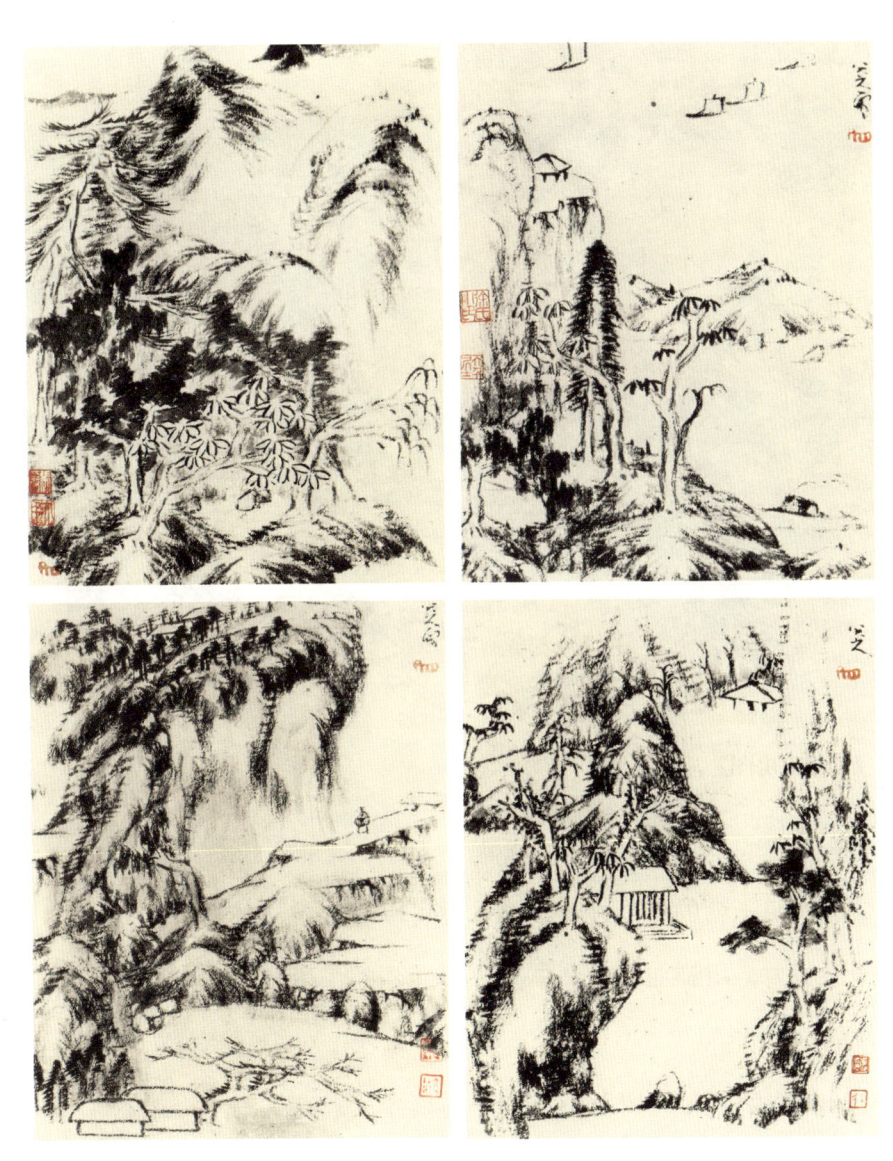

《渴笔山水册》（选录）　朱耷

《洪崖山房图》　陈宗渊

效忠大明王朝的忠烈之士，那么你可以成为抗清的一股势力，用鲜血和生命书写下轰轰烈烈、可歌可泣的抗争故事。

在清朝宣布"留发不留头"的禁令后，这样的抗争与流血达到了高潮。

清顺治元年（1644）九月，抗清斗士——苏北人，他在自裁前留下慷慨激昂的绝命词："保发严胡夏，

扶明一死生。孤忠惟是许，义重此身轻。"

朱耷的人生道路在哪里？朱耷惶惶然，他先是蜷缩在南昌西山的祖坟山里。这里距南昌城40里，奇石飞瀑，树茂草深，传说中的道教仙人洪崖先生曾隐居于此，故又称"洪崖山"。后来，他又躲进了奉新的深山里，这里位于"洪崖山"以西80里处。几年的逃亡生涯，他一直处于饥寒交迫、孤苦无依

《芋》 朱耷

的极度困窘之中。他曾画了一幅题为《芋》的画作,并题诗,来纪念这段惶恐苦难的生活:

洪崖老夫煨榾柮(短小的木头),
拨尽寒灰手加额。
是谁敲破雪中门,愿举蹲鸱(芋头)以奉客。

——清 朱耷《题芋》

严冬到来，天寒地冻，万物萧瑟。一间破庙之内，他用小木头拨弄着煨烤在火堆中的芋头。他把自己自诩为洪崖老夫，他年纪轻轻，却尝遍人世艰辛，他怀有千年的哀愁、百世的沧桑。寒风吹得火灰乱飞，他不得不用手护着额头挡住寒灰入眼。这时，如果有谁来敲被大雪封住的破门，给他一句问候，一个微笑，他定会激动地把赖以果腹的芋头恭敬地捧着相送。

极度落魄，极度孤独，他用一首小诗和一幅小画描绘了当时的自己。

在这四处躲藏的日子，朱耷每天都问着自己，"生存或毁灭，这是个必答之问题。是否应默默地忍受坎坷命运之无情打击，还是应与深如大海之无涯苦难奋然为敌，并将其克服。此二抉择，究竟是哪个较崇高？死即睡眠，它不过如此！"（《哈姆雷特》）命运的残酷鞭打，究竟是"天降大任"的生命锻造？还是压垮生命的沉重巨石？

朱耷望向苍茫的山野，望向浩渺的星空，望向未知的未来！

《枯木寒鸦图》　朱耷

03 佛门禅心

禅语云：所谓看开人生，绝不是悲观，而是积极乐观；不是看破，而是看透；并非什么都不做，而是及时去做；也不是什么都没有，而是什么都知足。朱耷了却前尘往事，在佛门禅宗的天地里生息、顿悟。最重要的是，他拿起了搁置多年的画笔。

活下去！这是朱耷最强烈的意愿！

死亡不是面对苦难的答案，活着才是！

清顺治三年（1646），两个南明小朝廷和许多抗清的政权都已垮台，反清复明的斗争都以失败而告终。

第三条道路，已然摆在朱耷的面前。

清顺治五年（1648），23岁的朱耷削去了受之父母的长发，穿上僧人的衣服，在南昌西山石头庙出家。

这是一种无声的政治抵抗，面对满人，朱耷只有遗恨，他明白，出家意味着可以躲入宗教的庇护之下。新政权无法对全国的僧人逐一筛选，一一甄别哪些是因信仰而出家，哪些又是因抵抗而出家，满人明智地听之任之，给像朱耷这样的明朝遗民留下了唯一的活路。

尘世对于朱耷，曾经美好过、绚丽过、温馨过，也曾经恐惧过、黑暗过、血腥过，从此，凡尘俗世的生活结束了，种种的过往幻灭了，佛门清净的生活开始了。他的生命将远离尘世，在天地的夹缝里生存。

晚清民国艺术大师吴昌硕（1844—1927）看到朱耷的这一段人生经历时，心潮澎湃，难以自抑。他是朱耷200年后的知音和学生，朱耷生在明朝末期，而他生在清朝末期，同样的家国之变、民族危亡在中华大地上再次演，他能感受到同样的痛彻心扉。

繁华梦破入空门，画不知题但印存。
遥想石头城上草，青青犹自忆王孙。
　　　　　　——清　吴昌硕《题八大山人画》

与世无争的佛门，暂时成了朱耷的避难之地。可是，晨钟暮鼓的僧人生活，是朱耷的不得已而为之。走入寺庙，剃度出家，并不能消除朱耷心头那未净的六根。国仇家恨、历历在目，无法轻易放下。

虽然身入佛门，可是朱耷的心依然在流浪。佛门对于他，到底只是一个避难和苟且之地，还是指引他进入光明的圣殿。前半生已然死去，难道后半生也要这样行尸走肉般地活着吗？入佛门是无声的抵抗，难道入佛门之后，生命的使命就结束了吗？

初入佛门的几年，朱耷继续痛苦、彷徨，生命

《仙洲双鹤图》 朱耷

《内景经》 朱耷

內景經

上清紫霞虛皇前　太上大道玉晨君　閒居蕊珠作七
言　散化五形變萬神　是為黃庭曰內篇　琴心三疊舞胎
仙　九氣映明出霄間　神蓋童子生紫煙　是曰玉書可精研
詠之萬遍昇三天　千災以消百病痊　不憚虎狼之兇殘　亦
卻老年永延　上有魂靈下關元　左為少陽右太陰後

有密戶前生門　出日入月呼吸存元氣所合列宿分紫
煙上下三素雲灌漑五華植靈根七液洞流衝廬間
迴紫抱黃入丹田幽室內明照陽門通利天道藏靈根
陰陽列布如流星肺之為宮似華蓋下有童子坐玉闕
七元之子主調氣外應中嶽鼻齊位　　

澹澹玄庭內人服錦衣紫華飛裙雲氣羅　
審能修之登廣寒晝夜不寐乃成真雷鳴電激神
咽靈液災不干體生光華氣香蘭卻滅百邪玉鍊顏
迴紫抱黃入丹田幽室內明照陽門口為玉池太和官漱
烟上下三素雲灌漑五花植靈根七液洞流衝廬間
有密戶前生門出日入月呼吸存元氣所合列宿分紫

念三老子軒轅長生飛仙遠死珠腰帶之官六腑精
十有巻耆威明雷電八振揚玉雉龍頷橫天擲
火鈴主諸筆力拯存晨雁昭青臭桂間胎髮
相扶六行奮力蘋乘雲乘裸佩舍拿玉龍轩
文能存載明黃慶雲役夫吉神朗三元腑長一

溉养八海腎愛精伏於太陰見我形揚風三雲出始
進饌肴正黃乃曰琅膏及玉霜太上遯八素雲
設陰陽西禊相會下玉英漱盪无味天人糧子丹
豐骨青蹻玄髓以霜脾救七霞之不祥日月列宿
雄存雄項三光外方內圓禊在中通利西脈五藏
䉼華完堅閉口屈舌食胎津伏我逆鍊雲飛仙

日月呈上道琴儀按譜吾相保乃見玉清虛之臺
老可以迴顏塡血腦口銜靈芒攜五皇膝帶虎錄
佩金鐺駕敷揚生宴蒙玄元上乙魂魄鍊乙之
為物期辛見須浮至真乃願眄玉忌死拿諸擬
賜六神合集虛中宴結珠圓精養神根玉芯芥

儻人道士非有神橫積累筆以為真黃童妙音難
可聞玉書絳簡赤丹文字曰真人中合守寶何揚符
開七門火兵符圖偏靈英玉旁後昇萬下陳執劒
百丈舞錦惟十絕鏧金銅紘大鈴冠帶虛皇
烟安在黃闕兩眉間此非枝葉實是根紫清左皇太
道吳太玄太和俠侍端化生飛絕汕飛昇十天篤

暂时安全了，可是心灵的煎熬却从未停止。他需要人生的导师带领他走出这无边的苦海，需要生活的智者滋润他干枯的灵魂。

清顺治十年（1653），在进贤县介冈灯社，28岁的朱耷正式拜曹洞宗高僧弘敏（1607—1672）为师，法名为传綮，号刃庵。介冈灯社，又叫鹤林寺，位于今天南昌市进贤县黄马乡介冈村，这里山水灵秀，古朴安宁，与世无争。

弘敏大师是《个山小像》题跋里提到的耕庵老人，是青原下三十七世、曹洞宗三十世传人。弘敏大师是朱耷在佛门唯一的业师。从此，朱耷跟随着弘敏大师学佛参禅悟道长达20余年，他也成为弘敏大师最为看重和欣赏的弟子。在弘敏大师的指引下，他渐渐走出了生命的苦海。他入佛门，不再只是为了避难，他的人生终于在精妙的宗教世界里有了寄托。

上帝给你关上了一扇门，却会给你打开一扇窗。能够成为弘敏大师的徒弟，这是朱耷大不幸中的幸运。弘敏大师从小佛缘深厚，相传一生下来就不吃荤腥，自带悲天悯人的气质。他天性聪慧，佛法精深，作为明末清初曹洞宗一位道行高深、法座尊显、

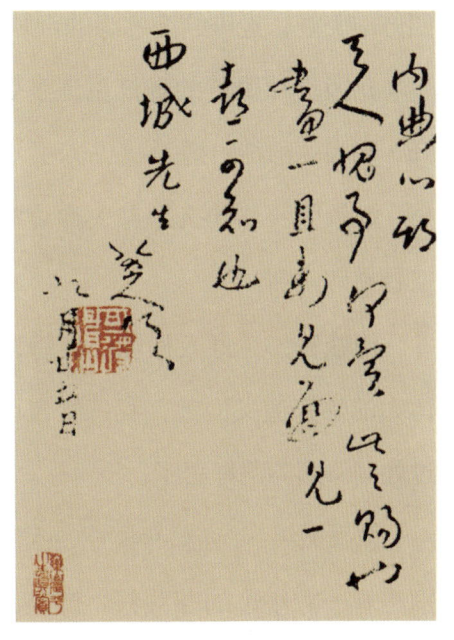

《手札十通册》之一　朱耷

弟子"门下如云"的高僧,先住持进贤介冈灯社,后一手创建了奉新芦田耕香院。

弘敏大师不仅佛学造诣深厚,而且擅长诗文,是道行和文名俱佳的高僧,和清初大儒、文坛一流人物黎元宽、朱徽、饶宇栻等人都有交往,在僧俗两界都拥有极大的影响力。他欣赏弟子朱耷的才气和灵气,也悲悯他的出身和遭遇,他用慈祥、爱惜、培养之心带着朱耷走进钻研佛法的精妙,走进云游四方的美妙，走进结交佛缘的奇妙。

介冈灯社昏黄的青灯见证了弘敏大师与传綮（即朱耷）和尚的师徒对话。

弘敏问："什么是身入禅境？什么又是心入禅境，二者有何区别？"

传綮答："身入禅境心自静，心入禅境性自明。在博大的佛家道义面前，我感觉自己太过微不足道，只不过如同一颗芥菜籽罢了。"

弘敏微笑："你颇有悟性，必能打开佛界的众妙之门。别小看一粒小小的芥菜籽。佛说，一花一世界，一叶一菩提。佛离我们并不遥远，人人皆可成佛！佛心即我心，觉悟了我心！"

传綮问："那禅宗既然如此强调顿悟，为何又要苦苦强调辩与论呢？"

弘敏颔首："尚未入禅境之人，眼界迷乱，思维固化。无论是曹洞宗和临济宗，辩与论都是为了驱散人们思想的羁绊，获得一种心灵真正的解放！"

传綮听后默然。

介冈的灵山秀水见证了师徒与自然山水为友的美好。

在介冈的风景名胜白狐岭，经常可以看到弘敏大师带着传綮、饶宇朴等门徒赏花听瀑,登岭探幽。

他们经常在山水之中参禅悟道。

弘敏云:"山水并非一成不变,山水衬映人心。不同之人,观不同之山水,看到不同之景致!"

传綮问:"那有我之境,该如何表现?无我之境,又该如何表现?"

饶宇朴云:"画如其人、文如其人,必是主观之景,则为有我之境;逼真形象客观,则必是无我之景,无我之境。"

弘敏笑云:"人要学会欣赏,就要有自己的见

《荷石水鸟图轴》 朱耷

解，否则只是走马观花。"

传綮点头："师傅说得对！天地之间，万事万物都必须融入个人的见解。我即本性，本性即我。道德文章、诗画曲赋，都只是表达自我的途径和手段。"

《进贤县志》留下了朱耷在这里写下的现存最早的偈语诗：

十二风流曲曲新，闻香谁是问香人？
若从此处寻花悟，缘起无端堕六尘。

——清　朱耷《问香楼》

这首诗仿佛是朱耷的自问自答：那看起来风流自在、事事如意的是谁呢？是我吗？我徜徉在这美丽却生命短暂的花前，在赏花闻香中只希望得到鲜花的启示。遁入空门，并不是由于信仰，而是因为太过爱惜自己的性命罢了！

《墨荷图》　朱耷

《猫石图》 朱耷

看到这首偈语诗，弘敏不语，但他知道，终其一生，朱耷的灵魂都要游走在佛境和俗世之间，这是他的宿命。他虽已入佛门，但也会有缘尽的那一天。

清顺治十三年（1656），弘敏大师离开介冈灯社，到南昌以西70公里的奉新县新兴乡创建耕香院。临行前，他把衣钵正式传给了自己的得意弟子——时年31岁的朱耷，他年纪轻轻，就正式成为曹洞宗青原下三十八代传人，从学者有百余人。

从清顺治十年（1653）到清顺治十八年（1661），朱耷一直在介冈灯社生活着。老师的离开，让朱耷再一次感受到了深深的孤独。师傅如同温柔的春光，

呵护他温暖他，更如澄澈的佛光，照亮他指引他。以后的心事，该向谁诉说？参禅的困惑，该向谁请教？浮生的痛苦，该向谁提起？深夜的灯社，沙漏窸窣，更声阵阵，木鱼清脆，油灯昏黄，映衬着辗转反侧的朱耷。

突然，他一跃而起，眼睛里灵光闪现，仿佛刚刚从迷离中苏醒过来，他在心中大声欢呼：

"我，不是还有画笔吗！"

《疏林欲雪图轴》 朱耷

04 黑白之间

黑白之间墨溢香,方寸世界显人生。苦乐、悲喜、是非、爱恨、善恶、生死、全都在这黑白之间。

时隔十余年，朱耷再次拿起画笔。

这支小小的画笔，承载他多少美好的回忆！他记得，父亲曾慈祥地握住他的小手，教他点染、顿挫、转折、勾皴，当他画出亭亭玉立的荷花、古意盎然的山水时，父亲总会露出会心的微笑。

《八大山人画荷册》（选录） 朱耷

他还记得，父亲会在天气晴好的日子里，拿出家中珍藏数代的名人字画，和他一起欣赏。林良、沈周、吕纪、唐寅、文征明、徐渭、董其昌，虽然斯人已逝，可是这些作品，却依然散发着他们的气息，传递着他们的温度，挺立着他们的精神。他们画面中的笔法、墨法和布局，让年轻的朱耷如痴如醉。

如果说，小时候的绘画是缘于家族的熏陶和自己的兴趣。那么现在，他需要画笔，他需要在这黑白之间，尽情地发挥、创造、体验、尝试，他需要将感情的海水倾泻在白色的画纸上，他需要将生命倾诉给画中的世界，他要在画中觅得知音，他要在纸上求得安宁。

最深层的热情激发出来了！地底的岩浆喷发出来了！艺术的生命再次燃起了熊熊大火！

《荷渚睡凫图》 吕纪

《传綮写生册》创作于清顺治十六年（1659），即八大山人34岁时，是他存世最早的作品，共15幅作品，其中绘画12幅，书法3幅。

《传綮写生册》里的绘画作品，既有"文人画"常用的题材，如梅、菊、荷、古松、玲珑石、水仙、石榴，也有极具生活情趣的题材，如西瓜、芋头、白菜。绘画的布局和用墨，则完全是"文人画"的风格，线条飘逸、透明澄澈、富有才情。他画的《西瓜》《芋》《石榴》《水仙》《草虫》等自然景象十分精谨细致，稳健真实。他的楷书模仿的是唐代书法家欧阳询、欧阳通父子，行草则模仿的是明朝大家董其昌。

随画的还有他的治印，朱耷先后用了"雪衲""个字""释传綮印""刃庵""钝汉""綮之印""枯佛巢""净土人""灯社"这样一些含义丰富的印章。

《传綮写生册》是一个重要的线索，循着它，我们可以去和那时的朱耷相遇。"文人画"是朱耷心头的最爱，尽管已入佛门并成为住持，但是幼年时种下的种子已然长成参天大树。"文人画"画风清高、清雅、清澈，是老祖宗留下的文化瑰宝，他试图在绘画当中展现这样的风格。他的眼光从来不局限于当下，他向

《八大山人印鉴》之传綮

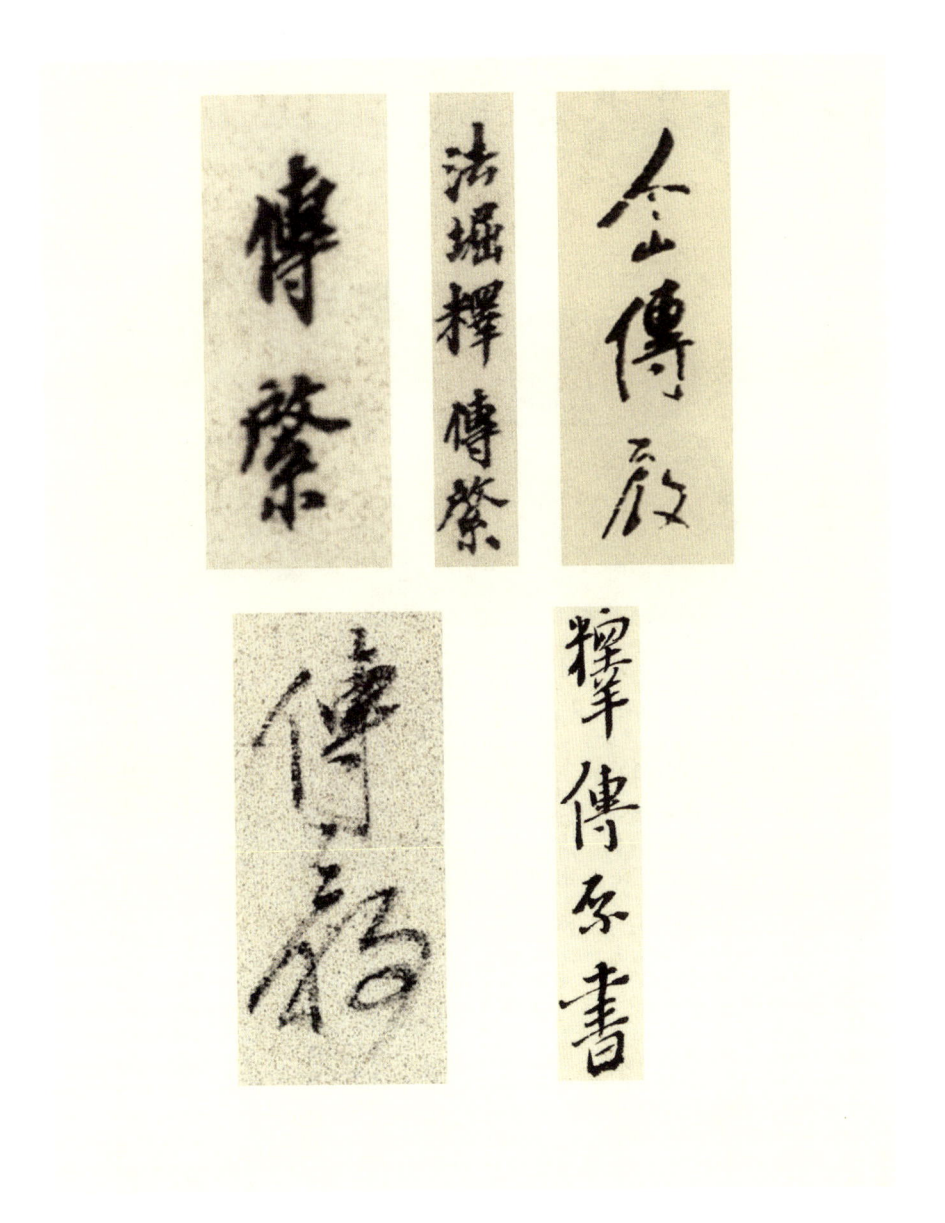

《传綮写生册》（选录）　朱耷

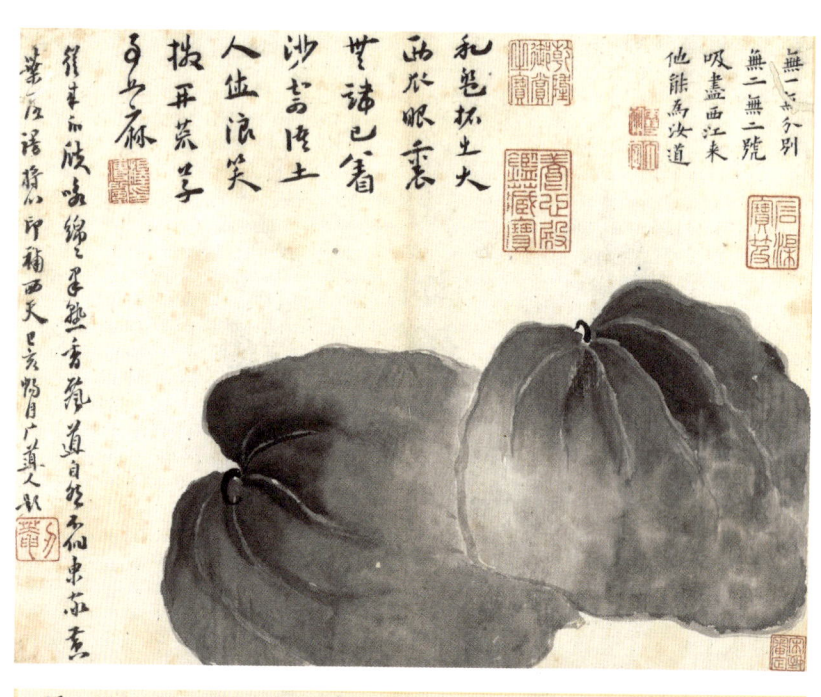

059

顶尖的大师学习，他的目光转向明朝的沈周、周之冕、陈淳、徐渭，学习他们对于事物的精微观察，学习他们的绝妙技法。文人画的精髓在于其个体精神的高度表达，那是一种追求、一种理想、一种情操在纸面上的高度凝练和概括。立意和技法究竟该如何统一？精神和风格该如何传递？年轻的朱耷还在苦苦探索着。这时，他还没有形成自己的独特风格，但是，学佛修禅的经历，使得他绘画的剪裁和布局更加平淡宁静。既向古人学习，又不拘泥于古人的创作道路正初露峥嵘。

朱耷喜欢董其昌，他一生都没有停止过对董其昌的研究。董其昌是文人画的集大成者，书法绘画都受到禅宗的影响，淡泊宁静、潇洒自如、清淡悠远。董其昌的山水画，师法董源、巨然、黄公望、倪瓒，笔致清秀中和，恬静疏旷；他的书法，师法颜真卿，仿东晋王羲之、王献之。他借用了佛家禅宗将文人画分为"南北宗"，其一生推崇南宗文人画。

一流的眼力、一流的笔力、一流的耐力，非同凡响的经历，所有的这一切，汇聚在朱耷身上，神奇的化学反应随着时间的沉淀而产生巨大的能量。每一幅

《梅花水仙图》　陈淳

《安晚册》（选录） 朱耷

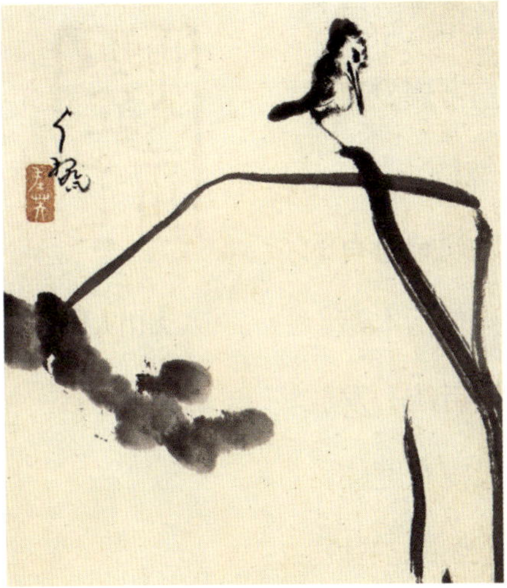

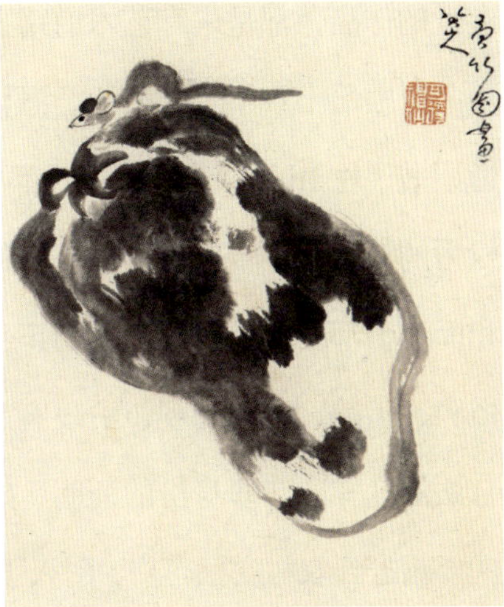

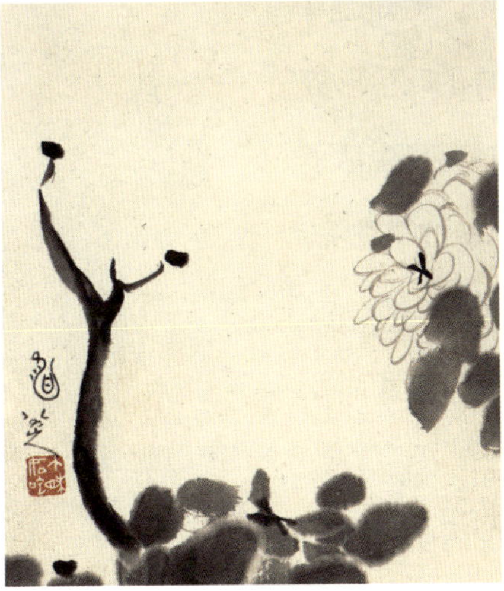

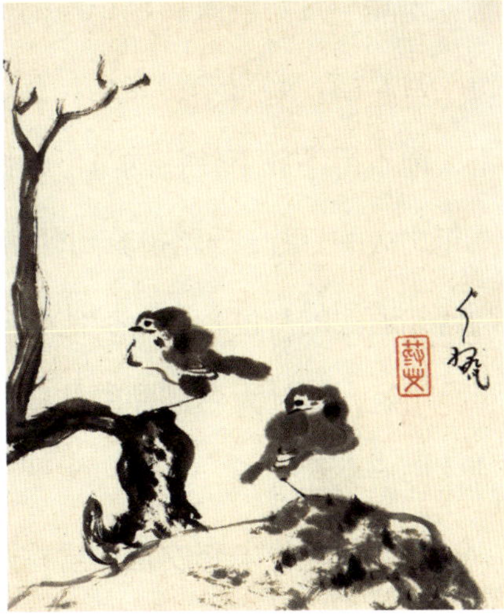

存世的作品，都是朱耷艺术道路上的光荣标记。

清顺治十八年（1661），顺治皇帝颁发了一道诏书，凡16岁以上的男丁，都要纳税、当差。权力的触角进一步向寺庙道观延伸，规定所有的和尚道士都要登记，一一验明正身，包括本籍、俗名、年龄、所在寺观，由政府审核后统一发放合法的度牒，亦即身份的证明。如果没有度牒，就要驱赶到农村安插落户，附入丁册当差、纳税。

朱耷一直隐瞒着自己王室的身份。他知道身份一旦暴露，必有杀身之祸。在这样的政治形势下，他不得不放下住持的身份，悄悄离开生活了八年之久的灯社，一路投奔到师傅弘敏的耕香院。师傅知道他的身世，必会护他周全。

于是，灯社大名鼎鼎的住持——传綮和尚，就这样消失在人间。

弘敏大师将朱耷安置在耕香院的后院，一个十分隐蔽的小房子里，就连一般的佛事，都不让朱耷参加。风头正紧，师傅怜惜这个才华横溢却又身世飘零的弟子，只希望全世界都能够遗忘他。

现实试图困住朱耷。然而，来自现实的挑战

《八大山人印鉴》之灯社

《藤月图》　朱耷

越大，人的回应就越有力。这种有力被朱耷充分展现在了其书法与绘画上。人间的生存环境是多么逼仄，唯有画纸里才能酣畅淋漓地活着。

在早期作品《藤月图》中，我们似乎可以读到朱耷当时的心境。

这是一个大大的特写。一轮硕大的明月沉沉坠落，一根枯硬错节的藤萝盘旋在上空。枯藤落月，再无他物。光明渐渐退下，黑暗统治世界，藤萝了无生机，只有它曲折生长的枝节还在。画面充满了悲凉之感、阴森之气，那是朱耷在悼念一个王朝的死去，一个王族的灭亡。

《墨花图》　朱耷

　　如何用寥寥几笔，表达出人丰富的精神世界？老子不是说：大音希声，大象无形吗？至美的音乐和形象到了最高境界，则是和大自然融为一体，反倒给人以无音、无形的感觉。

　　老子还说："万物之始，大道至简，衍化至繁"。

大道至简，不仅是一种哲学的完美境界，更是人生在世的生活境界。那么画作呢，可不可以这样去体现？简，不仅是一种审美，更是一种能力！儒家与佛家思想在朱耷心中相互激荡变化，朱耷想在艺术上开辟出一条新的道路。

儒家是他的根和魂，佛家则是他的庇护。从儒家的思想中，他悟到了天人合一和大道至简，而从佛家的思想中，他学会了静心和放下。

清康熙五年（1666），朱耷画有《墨花图》，这是他在耕香院为"橘老长兄"所作。画完之后，他又信手题了两句话：

蕉阴有茗浮新梦，山静何人读异书。

——清　朱耷《题墨花图卷》

朱耷还曾经描绘过自己静坐参禅的情景：窗明几净，焚香掩卷，每当会心处，欣然独笑。客来相与，脱去形迹，烹苦茗，赏文章，久之，霞光零乱，月在高梧，而客在前溪矣。遂呼童闭户，收蒲团静坐片时，更觉幽然神远。

茶香袅袅、檀香阵阵、书香沁人、墨香悠远，作为文人、僧人、画家，这是朱耷最为珍视的一种生命状态，他的许多灵感，就来源于这样的孤独与安静。

在孤独中，朱耷面对自己，艺术家必须直面孤独。最终，朱耷会明白，孤独是生命送给他的礼物。

05 一无所有

艺术从来都是一条孤独的路。朱耷一无所有，也不受任何束缚——功名、财富、家庭。他跌跌撞撞，却始终坚持追寻自己的本心。

清顺治十八年（1661），顺治帝驾崩，康熙帝即位，于是颁诏大赦。

清康熙元年（1662），南明（明朝宗室在南方相继建立政权的合称）最后一个流亡政府"永历"王朝覆灭。不久，清廷宣告，前明王室的隐栖者可以返回家园，不再背负政治罪名，受到政治迫害。

《山水图册》之一
朱耷

《山林会友图》　佚名

朱耷终于走出了耕香院那个逼仄的小房子，自由呼吸外面清新的空气。

同年，他应邀南下临川参加"临川十咏"诗会。

诗会上，朱耷结识了许多新的朋友，他们都是地方名流，有苏剑浦、李来泰、丁弘诲、饶宇朴等人。朱耷在介冈灯社的时候，就结识了饶宇朴，他们同是弘敏大师的门徒。苏剑浦当过前明临川军事，李来泰是饶宇朴的岳父，丁弘诲当过抚州府学教授，是饶宇朴的好友。大家以诗会友，因为一个共同的爱好而走到了一起。

临川文风鼎盛，是王安石、汤显祖的故乡，留有王羲之的墨池，王安石的故宅，汤显祖的玉茗堂。在临川，他们一路游览，一路吟咏，好不快哉！登高拟岘台、流连金柅园、凭吊王安石、欣赏玉茗堂、参观文昌桥，所到之处，必留下诗词数首。

朱耷兴致高涨，作下十余首诗词。然而，他的诗词依然弥漫着孤独者的气息，生命的基调一旦奠定，终生都难以更改。《金柅园》中，他写道，"惆怅秋风茂陵客，到来惟见野棠花。"《文昌桥》中，他又写道，"桥上谁携酒一壶，桥边谁忆古洪都。绿杨花好前朝市，急管风吹雨后湖。"内心深处，朱耷渴望过上一种文人雅士的生活，那是家族几百年来的传承，是他理想中的王国。他参加诗会，他享受其中，他感性于这样生动的生活场景。

清康熙六年（1667），弘敏大师亲手建设的

《山水图册》之二　朱耷

耕香院终于落成。

朱耷此时早已在耕香院定居。耕香院凝聚了弘敏大师十多年的心血，这里的一砖一瓦、一草一木，都是大师亲自挑选、督建和种植。大师年事已高，他希望朱耷有朝一日能传承他的衣钵，住持耕香院。

可是，此时的朱耷，却不再是一个静心修禅的僧人，他与外界的交往，越来越频繁。

他的书画在社会上已小有名气，来索画求字的人渐渐多了起来。

继《墨花图轴》之后，他还为吴云子画扇面，为孟伯书《行书题画诗轴》。

清康熙十年（1671），一个叫裘琏的年轻书生走进耕香院，

《与文玉书扇面》　朱耷

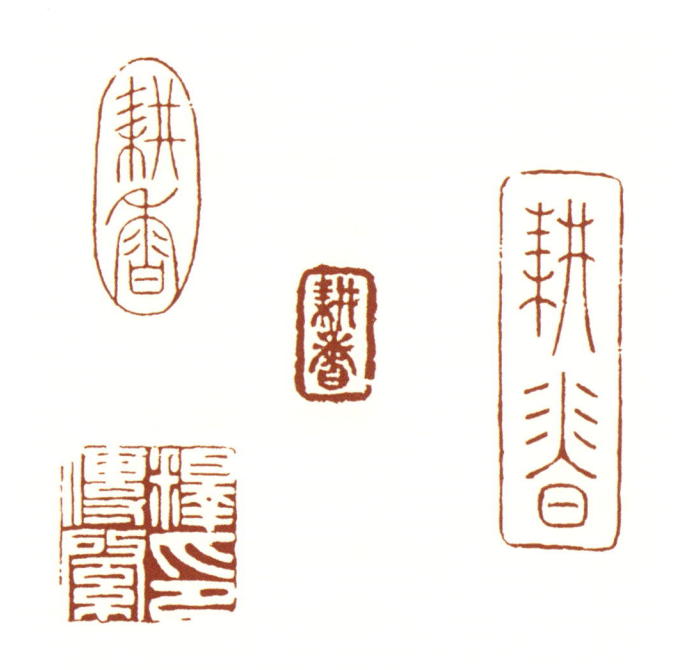

《八大山人印鉴》之耕香

专程来寻访一位名叫"芦田释雪个"的僧人。两人一见如故,朱耷没有想到,裘琏将深深影响他人生的走向。

裘琏(1644—1729)比朱耷小18岁,浙江慈溪人,清代戏剧家,人称横山先生。他早年跟随儒学大师黄宗羲学习,精通诗词戏曲,爱好书法绘画。同时,他喜欢结交风雅人士,和许多社会名流都有交往。

清康熙九年（1670），裘琏的岳父胡亦堂担任新昌（今江西宜丰）县令，裘琏陪同岳父到任。他听说宜丰县隔壁的奉新县耕香院里住着一位精通书画的神秘高僧，于是，就有了1671年和朱耷的这次相见。

这次相识是欢愉的，他们十分投机，促膝长谈，佛法、诗词、书法、绘画、人生。在交谈中，朱耷展现出了他对佛法的理解。在他看来，小乘佛教讲究的是众生皆苦，讲究个人修炼。而大乘佛教则主张人生自我解脱，讲求普度众生。他更讲到自己，

《八大花鸟山水册》之一　朱耷

《八大花鸟山水册》之二　朱耷

子然一身，"涅槃"何难？难的是由"菩萨道""回向"人间，由出世到入世，为众生舍身。能以出世心态，做入世事业，报答天下苍生，为万世共享，才真正称得上是功德圆满。

裘琏听着不觉入迷。分别时，裘琏作《赠别雪公上人》诗二首，并盛情邀请朱耷去新昌做客："莫负渊明里，还来看菊花。"

第二年，朱耷接受了裘琏的邀请，不久就去了新昌，并随后多次前往。他们在新昌一同游历、听雨、参禅、写诗、作画。

期间，发生了一件大事。生活啊生活，又给予了朱耷致命一击。

清康熙十一年（1672），朱耷生命里最重要的一个人，弘敏大师去世，享年67岁。

其实，朱耷早已看透生死。19岁那年，他就死过一次。是师傅给了他第二次生命，让他从深渊里爬了出来，从苦海里上了岸。师傅领他进了佛门精妙的世界，安顿了他的生命，更安顿了他的心，整整20年哪！他跟着师傅，学佛、参禅、身体力行，师傅是他的一座山、一艘船、一盏灯。可是，山倒了，船沉了，灯灭了。生活再次狠狠地让他感觉到了痛苦，他47岁了，纵然心里掀起千层的巨浪，伤口的血

《八大花鸟山水册》之三　朱耷

滴满一地，他也要沉默着、忍耐着，像沉默的地下河流，只有自己能感受到汹涌奔腾。

裘琏看到了朱耷的痛苦，他希望朱耷能够离开耕香院，在新昌买块山地盖个宅子，从此在新昌定居下来。可是，朱耷婉言谢绝了。

朱耷再一次躲进了耕香院逼仄的小房子。他不礼佛，也不参禅，甚至连画笔也很少拿起。

清康熙十三年（1674）端午节后的第三天，朱耷突然出现在奉新县的奉新寺，他要找朋友，寄居在这里的黄安平居士，办一件大事。

他打算为自己留下点什么！他不希望自己无声无息地来，无声无息地去，如同一阵风吹过世界。30年以来，他一直生活在世界的边缘，社会的夹缝里，像一只躲藏在黑暗里的老鼠。他要为自己留下一幅肖像，留下只言片语，留给这个既温柔又残酷、既熟悉又陌生的世界。

黄安平忙碌了好几天，终于有了这幅流传至今的《个山小像》。此画是1954年前后在江西奉新县奉先寺发现的。感谢历史的钟爱，让我们在300多

《个山小像》 黄安平

年后，依然可以一睹这位才气逼人画家的风采。

　　这是朱耷49岁时的模样，他穿着一件斜襟薄长袍，脚上是一双细麻做的鞋履，头上则戴着一顶青纱的斗笠。衣服穿在他身上，显得十分宽大，看得出来，他很瘦，清瘦的脸庞上，留着微须，目光忧郁，双手轻轻交握腰前。清朝男子的装扮在他身上看不到半点痕迹。他像一位居士，又像一位隐士，他非僧非俗，既不像显贵也不像平民，这样的装扮，在大清子民中显得特立独行。

　　朱耷用篆体亲自写下"个山小像"四个字，又仿董其昌的字体写下，"甲寅蒲节后二日，遇老友黄安平为余写此。时年四十有九。"

　　朱耷将这幅肖像画视如珍宝，在后半生中，一直带在身边，那仿佛是他亲生的孩子，是他活着的证据。他经常在上面加些文字，并请好友饶宇朴、彭文亮、蔡受为他题文。肖像画上，还盖上了一枚枚鲜红的印章，其中有一枚最为

《八大山人印鉴》之江西弋阳王孙

特别,"西江弋阳王孙"的朱文文印,它就钤盖在饶宇朴的题跋中间。王室子孙的身世,他从来不敢轻易示人,然而在这幅小像里,朱耷却把身世郑重地表明。

这些今天读起来隐晦艰涩的暗语,包含了他的宗室身份、佛门行踪、所修法门、心路历程,如果细细分析研究,是我们不断走进朱耷心灵深处的钥匙。画中人、画中话、画中印是朱耷心灵的独白、思想的凝固、生命的印记。九段题跋,十余枚鲜红的印章,让《个山小像》成为一份生动的个人档案,更成为一件不朽的艺术精品。

在饶宇朴写成的跋文中，他离开耕香院的思想已然流露：兄此后直以贯休、齐己目我矣。他想像五代的画僧贯休、唐代的诗僧齐己一样，云游四方、浪迹江湖。

他还强烈表达了出家还俗的想法：生在曹洞临济有，穿过临济曹洞有。曹洞临济两俱非，羸羸然若丧家之狗。还识得此人么？罗汉道：底?

朱耷再次审视自己走过的宗教之路。他曾经认真钻研禅宗的曹洞学说，后来又学习临济宗的理论，这两支同出一门的佛学宗派，却让他越来越心生困惑。他感到，自己与佛门的缘分已经尽了，离开的时候到了。

朱耷再次一无所有，生无所依。但是，生命的热情还在，使命还没有完成。

朱耷重新出发!

《八大花鸟山水册》之四　朱耷

06 疯癫觉醒

凡·高和海明威都因为严重的躁狂抑郁症结束了自己的生命。贝多芬和狄更斯没有活过六十岁,躁狂抑郁症严重损害了他们的健康。朱耷差点被躁狂抑郁症撕得粉碎,他承受着超出常人的痛苦。在极端痛苦中,他的艺术生命如同浴火重生的凤凰,发出了崭新的光辉。

清康熙十六年（1677），裘琏的岳父，胡亦堂由新昌调任临川任知县。

胡亦堂诗书传家，他一手仕途，一手诗文，书写着古代文人的理想人生。通过女婿裘琏，他结识了朱耷，并被他离奇的身世、渊博的学识、精妙的书画所倾倒。

文人为官，必重视一地文化之振兴。头两年，胡亦堂忙着处理灾情、安抚百姓、办理案件、维护治安。

清康熙十八年（1679），待一切政事步入正轨，社会安宁有序之后，胡亦堂决定要开修县志。他要举办一个文化的盛会，于是邀请四方文人雅士，到临川来寻幽探胜、歌咏唱和，为临川文化再添浓墨重彩的一笔。

于是，耕香院的朱耷接到了胡亦堂的盛情邀请。信中说，他新建的"梦川亭"将于四月初八落成，邀请朱耷前往参加文士雅集，和他一同受邀的还有朱耷的好友饶宇朴。

四月初八的集会，高雅而热闹，由胡知县带领一群名人雅士来到了新落成的"梦川亭"。

《山水图册》之三　朱耷

这座纪念性建筑完全因为胡知县的一个梦而建。他告诉众人，一天夜里，他做了一个奇怪的梦，梦见自己乘坐一艘小船穿行在波浪翻滚的河流上，小船险些倾覆，而最终安全靠岸。在"涉川之梦"后不久，他就接到赴临川上任的任命。从南昌到临川，他走的是水路，一路所见和梦中的场景简直一模一样。于是，他决定建造一座纪念"梦川"的亭台。

宴会热闹非凡，人们觥筹交错，酒气沸沸。朱耷又结识了许多新的朋友："遗民"董剑谔，南明忠臣烈士揭重熙的儿子揭贞传，临川名士李仙客的儿子李茹旻，还有张瑶芝、丁茂绳和胡亦堂的两个儿子胡挺松、胡挺柏，再加上自己的好朋友饶宇朴、丁宏诲。他们都有深厚的儒学功底，精通诗文。他们十分尊重朱耷，以"雪公"相称。酒酣耳热、兴犹未尽之时，大家各作诗文，挥洒恣肆，把宴会推向了高潮。

朱耷被这样浓烈的气氛所感染，他也端起了酒杯，一饮而尽，还挥毫画下一幅《梦川亭行乐图》，并题诗一首。

《竹荷鱼诗画册》 朱耷

丁宏诲则站起身子,用筷子击打桌边,应景唱和道:

破衲携来百尺云,点睛复有僧繇笔。
大幅小幅烟雾浓,一时二妙争化工。
画图近在轩窗外,山水全收砚席中。
五日集梦川亭和韵……
——清 丁宏诲《梦川亭行乐图》

这是多么热气腾腾的生活啊!美酒、朋友、诗歌、书画,这样的场景令朱耷陶醉流连。在胡知县的极力挽留下,朱耷在临川住了下来。

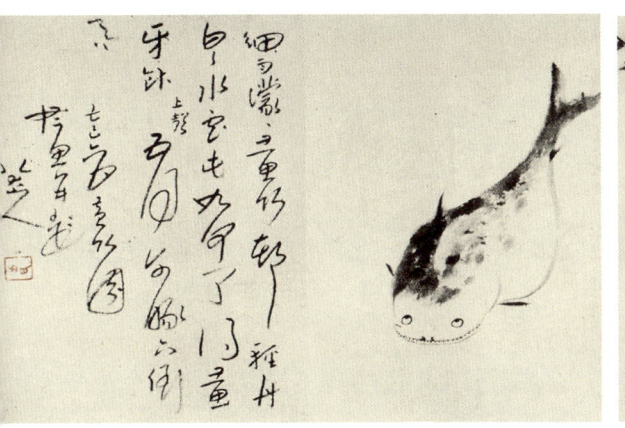

这一次，朱耷在临川待了"年余"。

白天，朱耷与友人们一起作画、下棋、看花、赏雨、饮酒，重游临川古迹。他似乎活得热热闹闹，快快活活，好不惬意。

可是，到了晚上，他把房门关闭，把热闹非凡、优雅非常的生活关在大门外。孤独如同潮水一般，几乎将他吞噬。

他的心，在世俗和宗教两个世界里苦苦挣扎。30年的佛门经历仿佛就在昨天，师傅谆谆的教诲仿佛就在耳边，家国破碎的噩梦仿佛刚刚发生，半生的颠沛流离从未停止。

我是谁？我身在何处？我去向何方？生活似梦

《鱼石图轴》 朱耷

似幻，他半醉半醒，暗自垂泪，又独自发笑，头疼得厉害，夜静得吓人，一个又一个夜晚，他都瞪眼等待着黎明。黑夜，把他从人变成鬼，而只有黎明，才会重新让他变回人。

清康熙十九年（1680），胡亦堂接到调令，赴江苏任职。朱耷的临川生活就要结束了。

这一年，康熙王朝为加强中央文化集权，同时为彻底消除朝廷与民间之间的文化对立，特开设"博学鸿词科"，选拔汉族知识分子中的学问广博之士

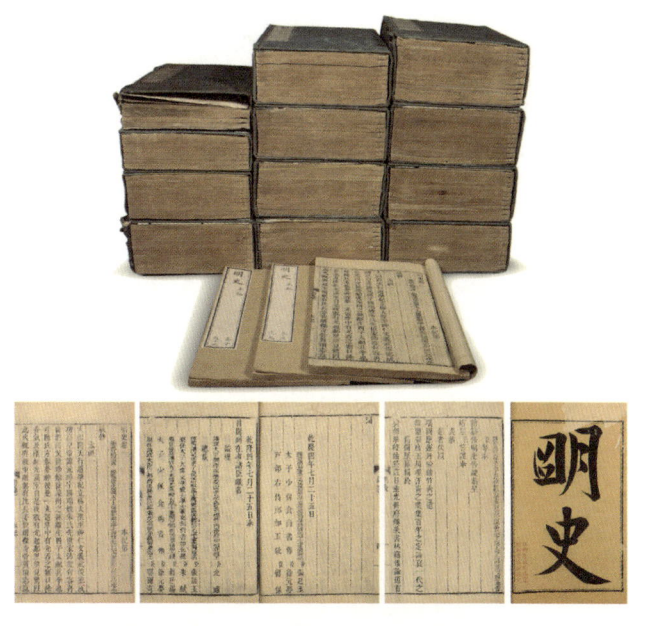

《等奉敕修·明史》 张廷玉

《双鹰图轴》 朱耷

进京应试，为前明纂修《明史》。有的文人气节依然，黄宗羲顽固不肯出山，顾炎武准备以死殉之。有的文人则趋之若鹜，纷纷出山，重蹈"学而优则仕"的老套路。

时局，似乎和朱耷毫不相关。一个社会的边缘人，从来就没有入过世，只不过是苟活在这人世间。可是，时局的种种，却还是会掀起朱耷内心的波澜，那是无法对人诉说的痛楚，永远不会痊愈的伤口。

离开的终究要离开，逝去的再也回不来！无论是人，还是王朝，没有什么可以挽留！55岁的朱耷失眠已有半年多，他不知道，他正经受着躁狂抑郁疾病的折磨，他感觉有两股气在他体内乱窜，一股如冰之严寒，一股如火之炽热，他一会儿情绪低落到了极点，一会儿情绪又亢奋到了极点。他知道，过不了多久，他就会崩溃。胡知县等友人常常奉劝他安抚他，可终究无济于事。

终于，清康熙十九年（1680），在胡亦堂离开临川的这一年，朱耷疯了。

朱耷突然在门上书写了一个大大的"哑"字。他陷入了可怕的沉默之中，36年前的哑疾再次发作。

《八大山人》 谭崇正

可怕的沉默之后，他又陷入了可怕的情绪爆发，哭笑无常、情绪冲动，没有人可以劝解他，也没有人可以阻拦他。

一天晚上，他突然扯下自己的僧袍，把它撕成了碎片。

他点燃僧袍，亲眼见着熊熊的烈火把那法衣化成灰烬。

火光之下，他哈哈大笑。

突然，他又号啕大哭，他把棍子丢掉，在市肆之间狂乱地奔行，疾步如风，他嘴里念叨着什么，可没有人能听清。

他就这样突然消失了，无影无踪。

今天，我们才知道，这位天才的画家其实正经历着躁狂抑郁症的困扰。贝多芬、凡·高、牛顿等人都是躁狂抑郁症患者，他们在出现轻度躁狂表现时，大脑反应会特别迅速，此时他们会认为自己"无所不能"，经常会做一些平常人不会做的事情。

难道，这就是天才的宿命吗？身体和精神都要承受极端的痛苦。要不然，就被痛苦撕得粉碎！要不然，就在痛苦之上长出创造力的翅膀！

人们再次发现他的时候，他已经回到了离临川200多里外的故乡南昌。他衣衫褴褛、蓬头垢面，流落在南昌的街头，他时而清醒时而糊涂，一会儿哭一会儿笑，大家都以为他是个疯子。

初则伏地呜咽，已而仰天大笑。

笑已，忽跿跔踊跃，叫号痛哭。

或鼓腹高歌，或混舞于市。

一日之间，颠态百出，市人恶其扰，醉之酒，则颠止。

——清　陈鼎《八大山人传》

他说自己会画画，央求酒肆老板拿来笔墨，用画换一碗酒喝。他看似疯癫，画风独特，耐人寻味。

终于，疯疯癫癫的朱耷被族侄朱容重认出来，并把他带到了自己的家里。朱容重比朱耷大八岁，但在辈分上与朱耷是族内的堂叔侄。

经过族侄家人的精心调养，清康熙二十年（1681），56岁的朱耷神志渐渐清醒，身体日渐康复。疯癫之后，他蓄发还俗，僧人传綮、刃庵、雪个、

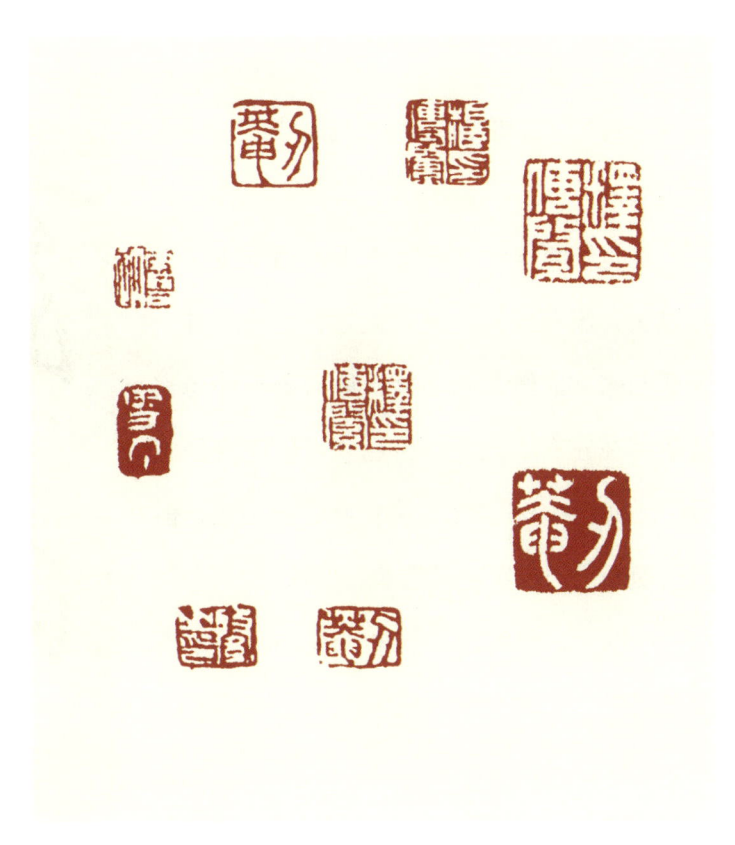

《八大山人印鉴》

雪衲从此彻底消失了。

朱耷更加沉默寡言,有人说他是"浮沉世事沧桑里,尽在枯僧不语禅。"

沉默之下蕴藏着巨大的能量,痛苦之下孕育着生命的蜕变。朱耷在自己的名号"个山"后面加了个"驴"字。"既而自摩其顶曰:'吾为僧矣,何

不以驴名？'遂更号曰'个山驴。'"（《八大山人》）

从此朱耷作画，只写天干不写地支，没有过去，没有未来，无名无姓，了无牵挂。梦醒归来，非僧非道非儒，只有画笔还忠实地陪伴在左右，他觉得自己"可但前身是画师"。他已经56岁了，身体在走向衰败，但是灵魂却正一步步走向艺术的高峰。

这以后，他的画风倏然一变，开始走向成熟。

《八大山人款识》（选录）

07 万物入画

艺术,是朱耷的逃世之方,生命所寄。艺术,也是他得以和世界连接的桥梁。他以前全部的思考、探索、感悟,经过岁月之火的锻造,已然铸成了一把通往艺术无人之境的钥匙。此时,他就站在艺术圣殿的门外,手里拿着那把钥匙。

清康熙二十年（1681）五月，朱耷走出门外，独自去看位于南昌的绳金塔。这座古塔建于唐朝天祐年间，据说建塔之时，从地下挖出了4匝金绳和300个金舍利，宝塔因此得名"绳金"。

登上古塔远眺，南昌的景色尽收眼底，滕阁高耸、赣江奔腾、梅岭朦胧，故乡依然是小时候的模样，这是36年后的故地重游！

他心绪难平，36年间，这片土地经历

绳金塔旧貌

了什么？这里的子民经历了什么？他又经历了什么？山无言，水无语，大地一片宁静。朱耷多想俯下身去，亲吻一下家乡的泥土，可是，这还是他的家园吗？他多想像童年时一样，在赣江里游泳嬉闹，可是，这还是儿时的江水吗？他早已成为无根的浮萍，他的家早已被风吹雨打去。心中的千言万语无法倾诉，他拿起毛笔，伏案画下《绳金塔远眺图》，这是朱耷第一次尝试画山水，以前，他只是画过花鸟果卉、奇松怪石。

　　他的这幅山水画，简洁而空灵，这不是一幅大尺幅山水画，没有雄伟和肃穆的布局，没有高耸入云、险峻无比的高山，没有弥漫的云雾，没有飞流直下的瀑布，有的只是"一鸟一花山一角""残山剩水"，天气阴冷，树木稀疏，枝枯草荒、山丘高低起伏、延绵而去，满目凄凉。画面的右上方题诗：

梅雨打绳金，梅子落珠林。
珠林受辛酸，绳金歇征鞍。
萋萋望耘耔，谁家瓜田里，
大禅一粒粟，可吸四瀣（海）水。
辛酉五月　驴
　　——清　朱耷《题绳经塔远眺图》

《绳经塔远眺图》　朱耷

《荷鸭图轴》 朱耷

《八大山人印鉴》之驴

这首诗中，有许多佛门偈语，充满着悲凉之感。大致的意思是：春天的梅雨落在绳金塔上，熟透了的黄梅被雨水打落，跌在珠林之中（佛门丛林）。自己仿佛一颗梅子被打入了佛门，明朝的江山也覆灭了。自己在佛门度过的这几十年，靠的是谁的施舍呢？自己虽然卑微，渺小得像一粒米粟，却依然生机勃发，那是生命的张力和自觉。

最后，八大山人落款"驴"，并钤朱文方形印"驴"。这是八大山人最早签署"驴"字款的作品。

抽象的悲愤、痛苦、伤感，在朱耷神奇的笔下，被具体化、形象化、感性化。他浓烈而复杂的情感终于找到了一种极为恰当的表现方式，那就是简单到极致的表达，哪怕画的东西形不成完形，态不呈常态，可是那又有什么关系呢？简单到极致，却又摄人心魄，令人一睹难忘，这难道不是绘画的大道吗？别人都在推崇古风守旧，提倡宋元之风，而朱耷则开辟出了一条标新立异的艺术道路。

朱耷以前全部的思考、探索、感悟，经过岁月之火的锻造，已然铸成了一把通往艺术无人之境的钥匙。此时，他就站在艺术圣殿的门外，手里拿着那把钥匙。

在《古梅图轴》中，我们可以再次看到他出神入化的表达。一株古梅树，它的根部裸露在外，树桩有三分之二已经死去，中间已经空心，只有旁枝上数朵梅花点点盛开，显示出顽强的生命力，画中还有题诗。

分付梅花吴道人，幽幽翟翟莫相亲。
南山之南北山北，老和焚鱼扫虏尘。

——清　朱耷《题古梅图轴》

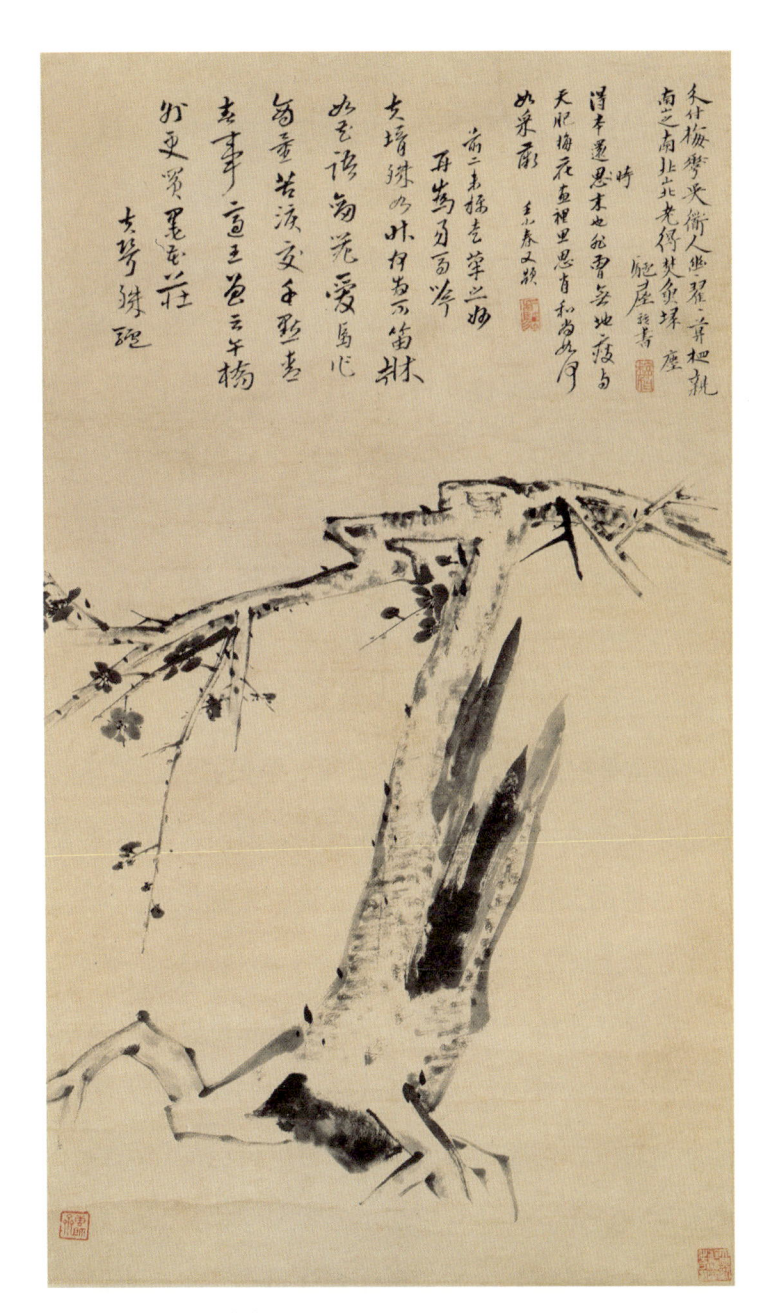

《古梅图轴》 朱耷

他的用笔是那样苍劲，构图是那样奇特，寓意是那样深刻，破败中出现生机，岁月里磨砺清香。他就是那株古梅吗？生命曲折又顽强，孤单却能自赏，倔强地生长着。画梅者，古往今来无数，可是这株古梅，却是那样独特，那样脱俗，那样倔强，这哪里画的是梅花，这分明是倔强生命在纸上的跃动，傲然精神在纸上的挺立。

回到南昌之后的朱耷，尽管还了俗，可他还是经常往来于南昌的北兰寺、开元观。在北兰寺，他结识了住持澹雪，并和他结为挚友。

澹雪是杭州人，禅学修养颇高，擅长书法诗文，喜欢结交文人士子。北兰寺建成后，澹雪盛情邀请南昌当地的文化名人，在那里吟诗、绘制壁画，朱耷也在受邀请之列。

绘制壁画是一个大型的工程，朱耷得以结识当时南昌的一大批画家。绘画之余，他们在一起天南地北地聊天，切磋交流，朱耷会带上自己的作品给大家欣赏评论。他和其中的一位画家罗牧关系最为密切，这样纯粹艺术的生活让朱耷感到充实，他索性寄居在了北兰寺。

　　清康熙二十三年（1684），朱耷画了不少作品，这些作品都是以一页纸中左为书法、右为绘画的布局形式出现，共计12幅，称《书画对题册》（又称《个山杂画册》）。这可以视作朱耷具有划时代意义的作品，因为他首次用了一颗朱钤白文"八大山人"的印章，盖在《书画对题册》的每一页上。一位叫作"八大山人"的伟大画家自此诞生在中华文化的璀璨星河里。

《孤鸟图轴》　朱耷

《个山杂画册》（选录）　朱耷

蕭峰翁雪尾西土廬
潮東窗揭長徑寸
言氣國物一
山

點筆鯨鰲屯巨園
松間門童心敲靁電
甲子春正
屏書社兒拉住東行寫画并
正十二 山
黃之人发䰐

自唐代王维提出"诗中有画,画中有诗"的观点以来,中国文人画便确立了诗画之间密不可分的关系,这对画者的文学功底、审美情趣、技法表达都提出了极高的要求。朱耷十分擅长这样的表达形式。在《书画对题册》中,他画的海棠、灵芝、八哥、竹、兔、鱼、芋头、花、芭蕉,都已经风格大变。

简单到极致!每幅画都是寥寥数笔,只是一个特写,一个剪影,却给人带来极大的视觉冲击。特别是他画的鸡、兔、鱼等动物,没有任何繁杂的背景,没有大自然的衬托,没有和周围世界的任何联系,有的只是孤独的身影、紧闭的嘴、瞪着的眼,它们似乎始终保持着一种警惕的状态,一种强烈的不安,它们的眼神里充满不屑、孤高,还从来没有人通过绘画表达过如此强烈的情绪,这种情绪汹涌而来,排山倒海,会狠狠撞击你的心。

当朱耷独自面对画纸的时候,当他勾勒这些形象的时候,他始终面对着自己孤独的灵魂,他的思想顺着手中的笔汩汩流出,一种长期压抑着的,却又不断滋生的强烈感情倾泻了出来。万物生灵,被朱耷的笔注入了新的灵魂,新的气质,那就是他的气质，他的灵魂。他充分借鉴了董其昌、徐渭等大师的绘画心法，但是，他的作品完全没有董其昌作品的清隽雅逸，他也没有徐渭的那种狂放和愤怒，没有那种跳跃和流动，他的作品简洁、孤冷、静谧、荒凉。

朱耷绘画的名气在南昌不胫而走，越来越多人向他索画求字。朱耷虽然在艺术上成就越来越大，可是他的生活还是无依无着。在罗牧等众画友的帮助下，54岁的朱耷正式开始卖画为生。

罗牧专程为朱耷引荐了江西巡抚宋荦。宋荦出身高贵，其父宋权曾任清王朝翰林院史院大学士。宋荦14岁时，就入宫成为三等侍卫。宋荦55岁时，任江西巡抚，成为当时炙手可热的人物。

宋荦一生醉心于诗词绘画，他的书画、诗词均有一定造诣，也十分懂得鉴赏。对于江西的文化事业，他十分热心，任江西巡抚四年，他积极交往江西文坛中人，他为已故前朝遗民徐巨源印文集，他主持修复南昌的北兰寺，增建《烟江叠嶂图》等工程。在江西的画家中，他最喜欢朱耷的作品，几经辗转，他收藏到了朱耷初期的绘画作品《传綮写生册》，况是日也天朗气清惠风和畅仰观宇宙之大俯察品类之盛所以游目骋怀足以极视听之娱信可乐也虽世殊事异所以兴怀其致一也后之览者亦将有感于斯文

《书兰亭集序》　朱耷

永和九年暮春會于會稽山陰之蘭亭脩禊事也群賢畢至少長咸集此地迤峻嶺宻山之林脩竹更清流激湍暎帶左右引以為流觴曲水列坐其

如获至宝，他的儿子宋致对此作品也十分喜爱，在画册的页面上盖上了"宋致审定"的鉴赏印。最后，这本《传綮写生册》由宋荦进贡而进入了大清的皇宫。

朱耷的性格宋荦早有耳闻。朱耷作画，一不为当官，二不为发财，三不为养家，对于世俗的功名利禄，他嗤之以鼻。田家野老、山僧屠沽、凡夫俗子要得到他的画，只需为他备好酒和纸笔，他一高兴就画上许多，从来不计较价格。可是如果是当世权贵向他求画，哪怕出上万金，他也不肯画上一笔一墨。

为了能让朱耷动手画画，宋荦想了许多办法，他先是让罗牧做中间人，请朱耷吃饭，被朱耷拒绝了。他又多次到访北兰寺，希望能有幸碰到朱耷，谁知却一次次扑空。最后，没有办法，他只得委托罗牧，无论如何，请朱耷为他画上一幅《孔雀图》。原来，宋荦喜欢孔雀，他在自己的府衙里就养了两只孔雀。

孔雀被称为百鸟之王，古代除去皇宫御苑几乎无人能够豢养，寻常百姓更是无缘得见。在崔白、边鲁、林良等历代名家的笔下，孔雀都是高贵而华美，象征着富贵锦绣的生活。宋荦出身富贵，权倾一方，

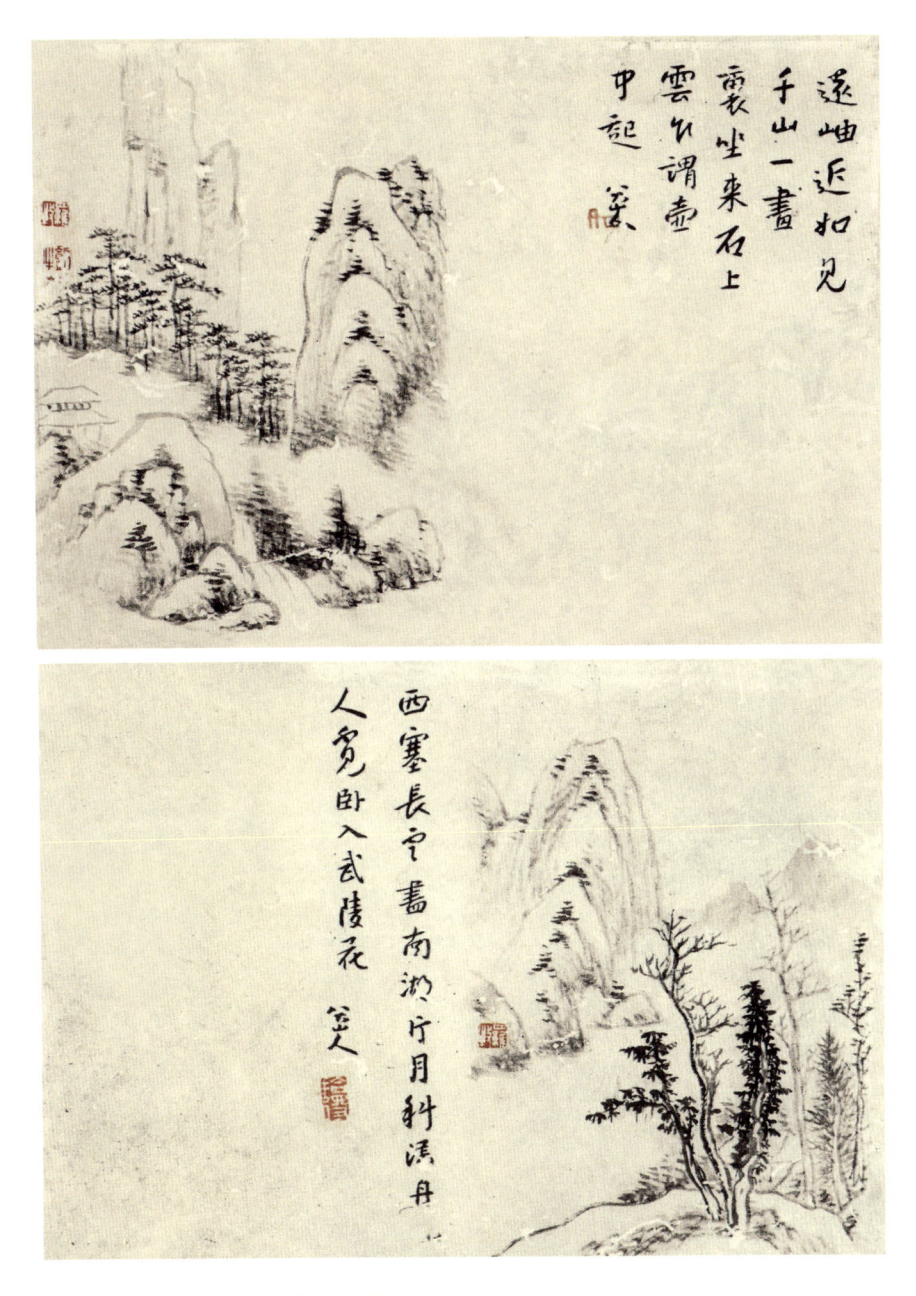

远岫近如见千山一畫裹坐来石上雲气谓壶中起䨇

西塞長亭畫南湖亍月科滇丹人觅卧入武陵花

《题罗牧山水册》　朱耷

《孔雀图》 朱耷

孔雀就代表着他所享有的权势、富贵与荣华。

朱耷知道他再也推托不掉了，他不想让自己的好友罗牧为难。于是，一幅惊世骇俗的《孔雀图》问世了。

这幅画可以誉为中国讽刺漫画的开山之作。一块残破的石壁角落里，淡墨的牡丹、深墨的竹叶点缀其间。石壁下有一块极不稳定的石头，上面立着两只孔雀。孔雀奇丑无比，姿态猥琐，白眼向人，全无百鸟之王的威风凛凛和高贵典雅，尾巴上只长了三根雀翎。画面上题诗一首：

孔雀名花雨竹屏，竹梢强半墨生成。
如何了得论三耳，恰是逢春坐二更。

——清　朱耷《题孔雀图》

诗中借用了《孔丛子》中奴才"臧三耳"告密的典故，含沙射影讲述了一个流传于官场上的"媚上"故事：康熙皇帝巡游下江南，龙船明明五更才到，而地方大员们则是彻夜未眠，才二更就在码头恭候接驾。孔雀尾巴上的"三眼花翎"，则是笑话那些

溜须拍马的高官们，说他们是奴才。

收到这幅画的宋荦哭笑不得，他拿朱耷无可奈何。但是这幅《孔雀图》却以奇特的构思、构图、造型、气质成了中国绘画史上的名作。

此时，朱耷已经65岁了。"画作即个性。"他开始越来越娴熟地运用绘画技巧，来充分彰显他的个性，他的倔强。

《湖石双鸟图》　朱耷

08 伟大相逢

在国际大都会扬州，朱耷和石涛相遇了。他们一位是『江西画派』创始人，一位是『扬州画派』开创者，同为明朝宗室后裔，同样出过家，同样以书画闻名于世。他们身上，有太多的相似。对于朱耷来说，这是一次精神的盛宴。对于中国绘画史来说，这是一次伟大的相逢。

朱耷注定一生孤独。

还俗后,他想过成家,他渴望像个凡夫俗子一样,为此,他有过一段娶妻的生活。可是,一位特立独行的艺术家、一个饱经坎坷的潦倒之人、一个一生都在和命运抗争的人,进入家庭生活中是极其困难的,这是他的宿命。造物主给予了朱耷别人无法企及的灵性和才华,却又剥夺了他作为一个普通人的情与爱。

清康熙二十九年(1690),武进(今江苏常州)人邵长蘅客居南昌。邵长蘅写得一手好文章,是江西巡抚宋荦的清客,他和北兰寺的住持澹雪是好朋友。朱耷的身世、傲骨、才气引起了邵长蘅强烈的兴趣。在澹雪的引荐下,邵长蘅结识了朱耷。

朱耷对邵长蘅一见如故,在随后的交谈中,他们无所不谈,朱耷把自己的身世、经历、绘画的观点滔滔不绝向邵长蘅倾吐。邵长蘅感到激动和兴奋,这是一颗被遗落于海洋的珍珠,一块深藏于地下的黄金。朱耷离奇的身世、不俗的经历、倔强的性格、脱俗的画风,让他深深着迷。

他决定为朱耷做点什么，他希望能够为朱耷留下一点东西，于是，他提笔写下《八大山人传》。邵长衡是朱耷在世时唯一一位采访过他并为他写下传记的人。让人欣慰的是，这篇传记完整地得以流传，让我们即使在今天仍可以作为研究朱耷最重要的一份文献。

和朱耷潦倒困窘的生活比起来，他的艺术生命却大放异彩，大幅面的花鸟立轴在此时出现，代表作有《鸟石牡丹图轴》《芭蕉竹石图轴》《荷花芦雁图轴》等。

瞧！这幅《鸟石牡丹图轴》，一只小鸟形单影只，立于石上，旁边就是一根枯木，没有任何东西可供遮风挡雨，它抬头仰望，三两根垂柳轻轻拂动，一枝牡丹

《鸟石牡丹图轴》 朱耷

《芭蕉竹石图轴》 朱耷

开得正好。也许，在朱耷心中，自己就是那只小鸟，无立身之处，无庇护之所，尝尽世间悲凉，而那象征人间富贵的牡丹，它只能抬头仰望。朱耷中年时用笔方折，力量外露，晚年时则用笔圆厚，神气内敛。

且看这幅《芭蕉竹石图轴》，在一片气势撼人的芭蕉丛中，一枝墨竹穿过怪石，昂然挺立，这枝墨竹足足占据了画面上方三分之一的空间，它长得出奇的高。它显得孤单极了，劲风吹过它，人们的视线也被它吸引。这幅画的线条充满着刚锐之气，用墨浓淡相宜，黑与白的色彩对比十分强烈。

还有这幅《荷花芦雁图轴》，画面中，傲然挺立着数株荷杆，让人感觉兴奋的是那片片荷叶，它们的生命仿佛是瞬间得到舒展，带着由内而外偾张的气势，两朵荷花隐隐点缀于荷叶中间。两只戏水的芦雁瞪大双眼，远远地躲避在荷叶之下，它们时刻警惕着人类世界，内心充满不安与紧张，它们似乎想从这画中逃离。也许，这也是朱耷此时的心境，永远不安、永远警惕、永远孤单。

朱耷68岁时，进入艺术的盛产期，他的技法炉

《荷花芦雁图轴》 朱耷

《鱼鸟图卷》 朱耷

  火纯青，他一幅幅地画，一幅幅地写，不断有新的作品问世。也许，这是为了生存，但是，他的灵感却如同滔滔江水倾泻而出。

  《鱼鸟图卷》堪称一幅经典之作。画面构图依旧奇特，在画面下方有一堆怪石，两只鸟梗着脖子，闭着眼睛，在画面上方有一大一小、一黑一白两条飞鱼，同样也是闭着眼睛。朱耷用三段共计大约三百字的题跋解

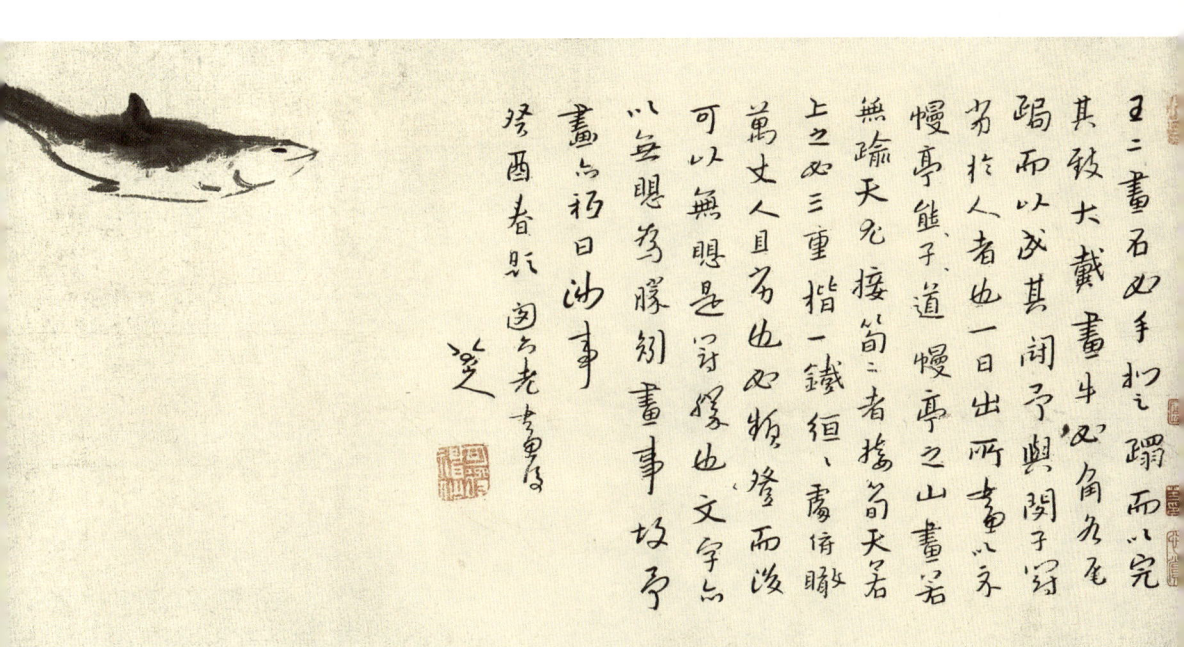

释了他的用意。这幅画书法精妙，思想深邃，值得人们细细品味。朱耷想要表达的是，正如老子所说，这世间万物，不变是相对的，变化则是永恒的。鸟与鱼可以互换，鲲与鹏也只是一瞬之间，正如他，当过贵族，也当过逃犯，当过和尚，也有过家室，所以，不管何种环境，都要自由自在，安然处之。

清康熙三十三年（1694），朱耷69岁

《松鹿图》 朱耷

《八大山人花押》之十有三月

了,生活在继续变化。好友澹雪死了,他悄然离开了北兰寺,在南昌的西埠门边上,盖了间草房子,称之为"寤歌草堂",总算有了个安顿的地方。"寤者,眠也,悟也;歌者,唱也,咏叹也。"这里可以让生命休息,也可以让生命放歌,这里虽然简陋,却是他生命的方舟,让他感到安心。

在绘画上,他继续变化着,他的名号署款风格由折转圆。并开始署"十有三月"花押。

扬州,公元17世纪的国际大都会。漕运如梭、

《岷江春色图》 石涛

盐业发达、百业兴旺，让扬州成为康乾时期最为耀眼的明星城市。经济繁荣带来文化昌盛，"堂前无字画，不是旧人家。"盐商富贾对于名人字画都是一掷千金，让各地书画家纷纷奔向这个全国极具影响力的书画市场。

朱耷在北兰寺时，通过朋友罗牧结识了徽州歙县人方士琯和程京萼，他们是书画鉴赏专家，同时是奔走于扬州、南昌等地的画商。朱耷和方、程二

《杨柳浴禽图轴》　朱耷

人结下了深厚的友谊，保持了20多年的书信来往。那时，虽然朱耷在南昌已有盛名，但书画售卖还是比较困难。方士琯和程京萼目光如炬，他们十分看好朱耷的书画作品。在方士琯和程京萼的帮助下，朱耷的画作被源源不断地卖到扬州。

此时的扬州，人文荟萃，画家云集，而最瞩目的莫过于画坛大师石涛。

石涛原名朱若极，比朱耷小16岁，明藩靖江王朱守谦后裔，是朱元璋的十四世孙，比朱耷低四个辈分。

同为宗室后裔，同样经历家国之变，同样出家为僧，同样逃禅还俗，同样以书画闻名于世，朱耷与石涛身上，有太多的共同点。

然而，石涛与朱耷又是不同的。

朱耷亲身经历了明王朝的灭亡，深沉的痛苦伴随了他的一生，对待政治与官员，他一直是保持冷漠与远离的态度。而石涛，明朝灭亡时他还是个婴孩，他的痛苦远没有朱耷那么深刻。成名之后，石涛曾于44岁和49岁时分别在南京、扬州两次接驾康熙皇帝。后来，他刻了一枚"臣僧元济"之印，并画青绿山水《海晏河清图》进贡给清朝皇室，他和满汉高官多有交往。

晚年的石涛一直居住在扬州，他有了家室。此时，他盛名天下；他的字画千金难求；交往的人非富即贵。

朱耷的画被不断带到扬州后，其新奇的画风、精湛的技巧、强烈的个性、深邃的思想在当地书画界刮起了"八大旋风"。这引起了石涛的注意，他向人打听"八大山人"，有人说朱耷已不在人世，他为此十分伤感。

清康熙三十四年（1695），石涛得到了朱耷的一幅《水仙图》，十分喜欢，为了纪念这位伟大的画家，他在画上提笔写道：

《山水图轴》　朱耷

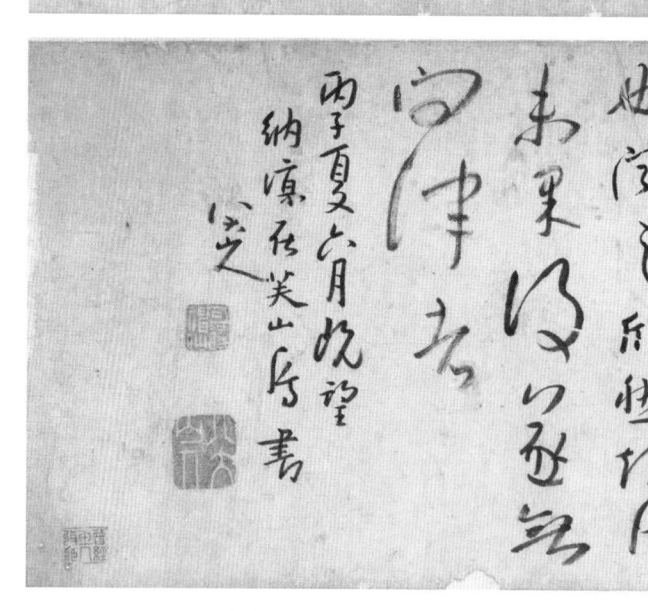

俨仟陌交通雉犬相闻其中往来种作男女衣着悉如外人黄发垂髫并怡然自乐见渔人迺大惊问所从来具答之便要还家设酒杀鸡作食邨中闻此人咸来问讯自云先世避秦时乱率妻子邑人来此绝境不复出焉遂与外人间隔问今是何世乃不知有汉无论魏晋此人一一为具言所闻皆叹惋余人各复延至其家皆出酒食停数日辞去此中人语云不足为外人道也既出得其船便扶向路处处志之及郡下诣太守说如此太守即遣人随其往寻向所志遂迷不复得路南阳刘子骥高尚士也闻之欣然规往未果寻病终后遂无问津者

丙子夏六月既望纳凉在芙山房书 𤩾

《桃花源记图》 朱耷

晉武陵人漁忘路之遠近忽逢桃花夾岸數百步中無雜樹芳草鮮美落英繽紛漁人甚異之復前行欲窮其林林盡水源便得一山山有小口初極狹纔通人復行數步豁然開朗土地平曠屋舍儼然有

良田美池桑竹之屬阡陌交通雞犬相聞其中往來種作男女衣著悉如外人黃髮垂髫並怡然自樂見漁人乃大驚問所從來具答之便要還家設酒殺雞作食村中聞有此人咸來問訊自云先世避秦時亂率妻子邑人來此絕境不復出焉遂與外人間隔問今是何世乃不知有漢無論魏晉此人一一為具言所聞皆歎惋餘人各復延至其家皆出酒食停數日辭去此中人語云不足為外人道也既出得其船便扶向路處處誌之

《水仙图》 朱耷

金枝玉叶老遗民,笔研精良迥出尘。
兴到写花如戏影,眼空兜率是前身。

——清 石涛《跋水仙图》

写完这首诗后,他意犹未尽,又写道:

八大山人即当年之雪个也,
淋漓仙去,余观偶题。
清湘瞎堂尊者济大涤堂下。

——清 石涛《跋水仙图》

石涛自号清湘堂尊者,释名为元济。石涛赞叹于朱耷的书画技艺,他喜爱朱耷奇特的构思、新奇的构图、脱尘的画风,他感叹朱耷的神来之笔。

石涛后遇到程京萼,程京萼告诉他,朱耷还在人世，身体不错，且笔耕不辍，这让石涛又惊又喜，他当即挥笔画下《春江垂钓图》托程京萼转赠给朱耷，以示他的敬意。不久，八大山人书写了一段《桃花源记》回赠给石涛。鸿雁传书、画商牵线，促成了两位伟大画家之间的友谊。

清康熙三十七年（1698），石涛在扬州的居所兼画室"大涤堂"建成。他捎信给朱耷，希望他能来扬州一游。

清康熙三十八年（1699）春，74岁高龄的朱耷，从南昌出发，坐船北上，用了三天时间，到达了广陵（今江苏扬州）。

这是一次伟大的相逢！人之相识，贵在相知；人之相知，贵在知心。两位画家惺惺相惜、相见恨晚，他们出游、饮酒、赏画、题诗，聊身世、书法、绘画、人生际遇，仿佛有说不完的话。

深厚的友谊被体现在一幅幅画作上，他们共同作有《与个山合作兰竹图》《兰竹双雀图》《艾虎图》《大涤堂图》等多幅作品。在《与个山合作兰竹图》中，你可以欣赏到两种风格的高度和谐、完美统一。朱耷绘奇石幽兰，石涛则绘墨竹。画作上留有石涛的一段题款：

《大涤草堂图》　傅抱石

八大山人写兰，清湘涤子补竹。

两家笔墨源流，向自独行整肃。

——清 石涛《题与雪个合写兰竹双绝》

扬州之行，是朱耷晚年心情最为畅快舒展的一段时光。石涛对朱耷，更是充满着崇敬之情，虽然他当时的名气看上去比朱耷更大，润笔价格也比朱耷高出许多，但是对于朱耷在中国画坛的历史地位，他给出了极具历史眼光的评价：

此道有彼时不合众意，而后世赏鉴不已者；

有彼时轰雷震耳，而后世绝不闻问者，皆不逢解人耳。

——清 石涛《题石涛赠石溪山水册》

石涛认为，艺术的真正价值，只有时间可以做出唯一的公正评价。

在画坛梦幻天团组合"清四僧"（八大山人、石涛、弘仁、髡残）中，八大山人一跃成为"清四僧"之首，成功攀上了中国文人画的最高峰。

《河上花图卷》 朱耷

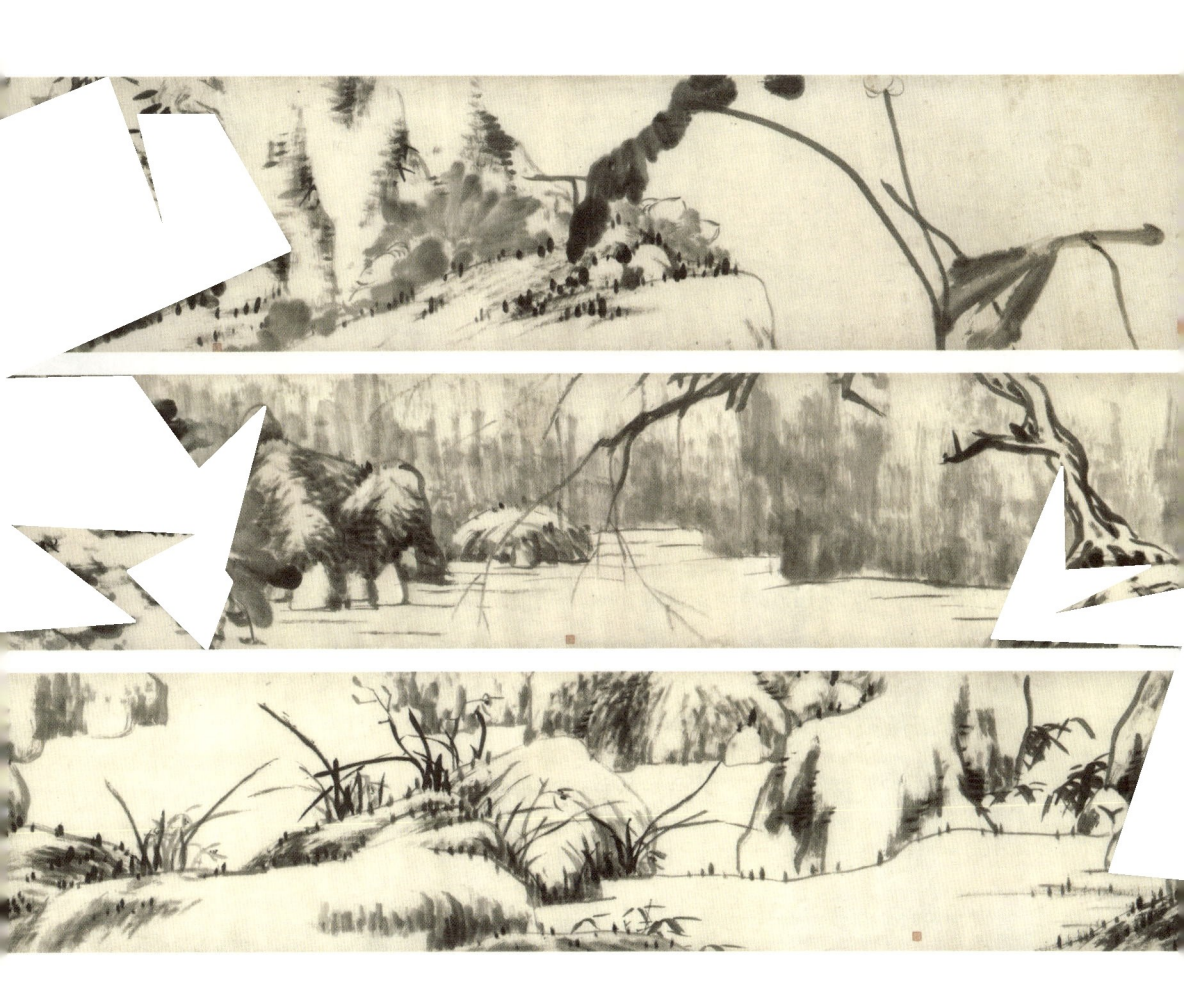

尾声　　一代宗师

在人类的历史长河中，涌现过无数璀璨的明星，有人生前绚烂登场，光芒万丈，却在身后归于沉寂，无人提起；有人生前寂寞潦倒、苦难无数，却在身后名声大噪，荣耀无比。朱耷用血泪与苦难塑造了他的高冷之气，创一代画风，成为三百年来最炙手可热的中国画家。这究竟是命运的玩笑，还是历史的垂青。

有人说，你吃过的苦，受过的累，到最后，都会变成光，照亮你脚下的路！

生活却从来没有给过朱耷嘉奖！

一个江浙人托人带了50钱，让朱耷为他书写《滕王阁序》。《滕王阁序》共计881字，仅卖50钱。

朱耷为画商聚升作一幅《花鸟书临河叙册》，得到的润笔仅够糊口。

他在画册的题跋中无可奈何地感叹道："己卯秋七月，聚升先生以此册索画，偶为临此。河水一担直三文，河水一担直三文，八大山人记。"这就是他书画的价格，廉价得和一担河水差不多。后来，因为年老生病,无法作画,他的手头更加拮据,他不得不厚着脸皮向友人方士绾求助,"只手少苏,厨中便尔乏粒,知己处转掇得二金否?"

他没有任何积蓄,只要停下画笔,他就没有米下锅,只好找老友帮助借点钱买米下锅,这时朱耷已经79岁了。

朱耷虽然常年挣扎在温饱线上,但在艺术创作上却爆发出巨大的能量!

清康熙三十六年(1697),72岁的朱耷历时四个月,创作了长达13米的巨幅作品《河上花图卷》。

朱耷一生爱荷,少年时期就能画出亭亭玉立、摇曳生姿的荷花,他一生所作的花鸟画700余件,荷花题材作品占七分之一。

无论宫廷派、画院派还是文人派,荷花,自古以来都是大家们极爱的绘画题材,那传世的荷花图,或清秀俊逸、纤尘不染,或粉雕绿砌、明润清丽。徐渭的墨荷,则带着一气呵成的愤怒与狂放,让人感到淋漓的气势。也许是受到徐渭的启发,朱耷再次赋予荷花与众不同的生命气质。朱耷的《河上花图卷》并没有暴风骤雨般的节奏，也没有愤怒的情绪，他进行了一次对荷花的伟大礼赞，对昂扬向上生命的伟大歌颂，所有的雄心和抱负，所有的力量与抗争，都在这幅鸿篇巨制中得到淋漓尽致的表现。

朱耷一反常态，画面没有大量留白，而是浓淡相间、繁简得当、虚实结合。荷叶生机勃勃，如同生命的舞者，活跃跳动，昂扬挺立于天地之间。它们身姿是那样伟岸，这是一种顶天立地的存在，崇山峻岭、嶙峋怪石、荷塘湖面、兰草幽篁、高涧瀑流，荷花所面临的生存环境是那样险绝、贫瘠、寒冷。荷花的生命力是那样强大，哪里有空隙，它们便恣意生长出来，从石缝里、从淤泥里、从萧瑟处，它们不管不顾，只是向上、向上。天地之间，它们尽情舒展着身姿，张扬着性格，那不是娇艳，不是含蓄，不是典雅，它们不受一切约束和羁绊，它们的心灵像风一样自由，灵魂像天地一样辽阔，这正是它们的生命宣言。这是个体生命对于苍茫宇宙的回应，这是一个心中装着火山，胸中涌动着大海，历经人间无数劫难的绘画天才对于生命的阐释与理解。

活着，勇敢地活着，灿烂地活着，抓住这光阴一瞬，留下生命的奇迹。

山水技法与花鸟技法在这幅画里得到了完美的结合，朱耷最后再以行书自题歌行体诗《河上花歌》37行，200余字作为结尾，与巨幅长卷相映生辉。哪怕你是一位外行的观众，你都会感受到那扑面而来的磅礴气势、呼之欲出的精神伟力、力透纸背的生命激情。

生命可以老去，精神必须永远年轻；生活可以潦倒，精神必须保持高贵；生存可以逼仄，精神必须走向宽广。这就是朱耷，他把精神附着在画笔和画纸上，那是他精神的伊甸园。

他的山水画虽然起步比较晚，却以"拙美见精神，空灵现风骨"的面貌，在中国画坛中独树一帜，丝毫不逊色于其花鸟画的成就。

朱耷已年逾古稀，仿佛生命的河流一路奔涌，历经激流险滩、高山峡谷、危岩暗礁、蜿蜒曲折，终于来到了开阔平缓、静水流深的下游。日子清苦、生活清贫，他却始终活在禅意和诗意里，他在《何园》中这样写道："岁月本长，而忙者自促；天地本宽，而鄙者自隘。风花雪月本闲，而劳攘者自冗。"一灯荧然，万籁无声。夜静钟声，音响清越。一切都将复归平淡与安宁。身静养气，气静养心，在生活的本真中，朱耷依然孜孜探寻着艺术的真谛。生命不息，他的探寻就不会停止。

朱耷晚年的书法渐渐变"圆"，最终体现了董其昌的"以淡尤为宗""平淡天真为旨"。他独创的"八大体"，布局夸张，大开大合，它不是楷书，却有着楷体的秀美，也不是草书，却有着草书的纵逸，近代只有弘一法师李叔同一人得其精髓。中国当代国画家和美术教育家李苦禅曾经认真研究过朱耷的书法："八大山人的书法，博采众美，得益于钟繇、王羲之父子及孙过庭、颜真卿，而又能独标一格，即以他用篆书的中锋用笔和《瘗鹤铭》（著名摩崖刻石，大字之祖）古朴的风韵所摹王羲之《兰亭帖》而言，其点划的流美及其清新疏落，挺秀遒劲的风神，直可睥睨晋唐，侧身书法大师之列。"

清康熙三十九年（1700），朱耷75岁了，却依然保持着旺盛的生命力，石涛羡慕朱耷的高寿与健康，他在信中写下，"闻先生七十四五登山如飞，真神仙中人也……"

生命的最后十年，是朱耷的创作巅峰，清康熙四十一年（1702）前后是他在南昌最享有盛名的时期。此时，他的画风又为之一变，以前，他的山水画是"墨法胜于笔法"，而在这之后，便是"笔法胜于墨法"了。《渴笔山水册》是他晚年的杰作。这组画中渴笔是他的最大特色，他的用墨越来越少，他以干笔蘸取较少的墨，皴出山岭、石块、树木和屋舍。他的山水画构图十分奇特，营造出一种残破、萧瑟、朦胧的意境。

清王朝此时已进入"康乾盛世"的前期，江山稳固之后，千古一帝康熙皇帝推动着国家文化事业的发展。美洲白银的持续涌入、贸易的发达、经济的繁荣，使得当时的文化艺术出现了前所未有的昌明，宽松的政治环境、繁荣的经济环境、活跃的艺术环境，孕育出了中国画坛以地域和画风区分的诸多画派。

江西画派的开创者，正是朱耷和他的友人画家罗牧。他们共同设立"东湖书画会"，成为江西画派的开创人。

朱耷组织和参加的"东湖书画会"，是当时江西最负盛名的文艺沙龙之一，聚集了江西画坛一大批先锋画家。朱耷的艺术思想、审美情趣、绘画技法在这里被研究、传播和推广。康熙举人、"故家子弟"龙科宝专门作文《八大山人画记》，记录了他当面向朱耷讨画的一次神奇经历。

龙科宝十分仰慕朱耷，日思夜想着能一睹画家的风采。终于，由朋友熊国定做东，在风景秀丽的南昌东湖边，专设酒席宴请朱耷等东湖书画会画家。酒席旁的大画桌上，早早摆好了笔墨纸砚。朱耷应邀而至，还未等开席，龙科宝就迫不及待地向朱耷讨画，他说道："听说东湖新开的莲花摇曳生姿，西山宅边的古松神采非凡，我今天向大师当面讨画，只愿大师能画出这莲花的不凡和古松的神韵。"

八大山人吟吟一笑，他颇有兴致地走到画桌前，先是花了很长时间调墨，然后提起毛笔在纸上圈点勾画。画着画着，朱耷放下笔，仔细端详思考，然后又拿起笔细细描绘，终于，一幅画问世了。朱耷这时端起酒碗痛饮，大声笑道："我拿出最大的本事了！"围观的社会名流个个拍掌叫好，大家趁机起哄求画。朱耷的兴致也上来了，乘着酒兴，他再次挥毫画下一对气宇轩昂的斗鸡，然后带着满身酒气扬长而去。

清康熙四十三年（1704），朱耷79岁了，他依旧孤独地生活在寤歌草堂，家徒四壁、空空如也。他疾病缠身、日益虚弱，更该死的是他的右手一直在犯病，连最心爱的画笔，他都握不住了。

清康熙四十四年（1705），朱耷80岁，身体偶有缓解，他又重新拿起画笔，他先画了一幅《芙蓉鸳鸯图轴》，又画了一个《山水扇面》，他还乘兴作了《醉翁吟手卷》和《书画册》六页，在其中一幅《双鸟》中，写下了"八十老人"的题款。

五月，在明媚的春光里，他用小楷写下《般若波罗蜜多心经》，这是他最后一次提起毛笔。

这一年的十月十五日，朱耷在寤歌草堂走完了他的一生。如同一片绽放过光彩的秋叶，无声飘落。

一颗艺术巨星就此划过天际，归于历史的璀璨星河。

数年后，清代诗人叶丹带着崇敬的心情造访寤歌草堂。此处已是蓬蒿横生，尘土尽落，空无一人。

他感慨万千，写下一首《过八大山人》，感叹那个孤独的灵魂、倔强的生命：

一室寤歌处，萧萧满席尘。
蓬蒿藏户暗，诗画入禅真。
遗世逃名老，残山剩水身。
青门旧业在，零落种瓜人。

后来，寤歌草堂年久失修，在一场暴风雨中轰然坍塌，朱耷留在人间最后的气息，也消失在那个茫茫雨夜。

然而，在艺术的王国里，他却以一种华美无比的形式存在着，他获得了艺术王国的桂冠加冕。徐渭以后，相隔整整一个世纪，朱耷成为17世纪中国画坛的引领者，把中国文人画再次推向了新的高峰。中国文人画的谱系里，朱耷的名字熠熠生辉。这个谱系一头连接着中国画的历史，另一头连接着中国画的未来，它来自民族文化的丰厚滋养，是民族精神生生不息的见证，是中华文明特有的基因标识。朱耷屹立于17世纪的船头，他成为艺术先锋，掀起了中国画现代化的时代浪潮，浩浩荡荡300年不曾断绝。

18世纪的郑板桥继承并发扬了他的风格，他认为，朱耷的一生，都是在用灵魂作画，"墨点无多泪点多，山河仍是旧山河。横流乱世权椰树，留得文林细揣摹。"

19世纪的吴昌硕深受朱耷的影响，成为"文人画最后的高峰"。20世纪最著名的国画大师齐白石在朱耷面前谦虚得像个小学生……

这一切来自历史的馈赠，对于朱耷而言，已经不重要了。是他定义了艺术的时代，他已经让自己的灵魂在艺术世界里得到了永生，如同那一幅幅挂在世界顶级博物馆的画卷，无言、冷眼、倔强、孤寂……

图书在版编目（CIP）数据

八大山人画传 / 朱虹, 曹雯芹著. -- 南昌：江西美术出版社, 2023.1
（中国历史文化名人画传系列）
ISBN 978-7-5480-8908-7

Ⅰ.①八… Ⅱ.①朱… ②曹… Ⅲ.①八大山人（1626-1706）—传记—画册 Ⅳ.① K825.72-64

中国版本图书馆 CIP 数据核字 (2022) 第 201957 号

出 品 人	刘　芳
编辑统筹	方　姝
责任编辑	姚屹雯　李安琪
助理编辑	舒逸熙
责任印制	谭　勋
书籍设计	韩　超　胡文欣　先鋒設計
封面插图	谭崇正

八大山人画传 BADA SHANREN HUAZHUAN
中国历史文化名人画传系列 ZHONGGUO LISHI WENHUA MINGREN HUAZHUAN XILIE

朱　虹　曹雯芹 / 著

出　版	江西美术出版社
地　址	南昌市子安路 66 号
邮　编	330025
电　话	0791-86566309
网　址	www.jxfinearts.com
经　销	全国新华书店
印　刷	湖北金港彩印有限公司
版　次	2023 年 1 月第 1 版
印　次	2023 年 1 月第 1 次印刷
开　本	710 mm×1000 mm 1/16
印　张	11

ISBN 978-7-5480-8908-7
定　价：48.00 元

本书由江西美术出版社出版。未经出版者书面许可，不得以任何方式抄袭、复制或节录本书的任何部分。（版权所有，侵权必究）
本书法律顾问：江西豫章律师事务所　晏辉律师